Linguistische
Arbeiten 149

Herausgegeben von Hans Altmann, Herbert E. Brekle, Hans Jürgen Heringer, Christian Rohrer, Heinz Vater und Otmar Werner

Hans-Ulrich Block

Maschinelle Übersetzung komplexer französischer Nominalsyntagmen ins Deutsche

Max Niemeyer Verlag
Tübingen 1984

meinen Eltern

CIP-Kurztitelaufnahme der Deutschen Bibliothek

Block, Hans-Ulrich:
Maschinelle Übersetzung komplexer französischer Nominalsyntagmen ins Deutsche / Hans-Ulrich Block. - Tübingen : Niemeyer, 1984.
(Linguistische Arbeiten ; 149)
NE: GT

ISBN 3-484-30149-X ISSN 0344-6727

Printed in Germany. Druck: Weihert-Druck GmbH, Darmstadt.

VORWORT

Diese Arbeit ist unter dem Titel "Maschinelle Übersetzung französischer Nominalsyntagmen ins Deutsche" von der philosophischen Fakultät der Universität zu Köln als Dissertation angenommen worden. Referenten waren die Herren Professoren A. Greive und H. Vater. Das Rigorosum fand am 4. 2. 1984 statt.

Für die geduldige Unterstützung der Arbeit danke ich zunächst Herrn Professor A. Greive, der die Dissertation betreute. Für Förderung und Interesse danke ich Herrn Professor H. Vater, der mir in zahlreichen Gesprächen die Möglichkeit gab, Probleme der Arbeit zu diskutieren. Besonders bedanken möchte ich mich auch bei meinen Freunden und Kollegen Dr. B. Rieger, Dr. J. Rolshoven, Dr. C. Thiersch, Dr. P.-O. Samuelsdorff und Thérèse Torris, die mir in vielen Diskussionen über linguistische Datenverarbeitung wichtige Anregungen gaben. Frau Dominique Dumas danke ich dafür, daß sie mir rund um die Uhr ihre Grammatikalitätsurteile zur Verfügung stellte. Schließlich sei noch der Firma HDM/Bonn dafür gedankt, daß sie mir ihren Drucker zur Erstellung des reproduktionsreifen Manuskripts überließ.

0. INHALTSVERZEICHNIS

1. EINLEITUNG

Dieses Kapitel gibt einen Überblick über den derzeitigen Stand der maschinellen Übersetzung (M.Ü.) und skizziert eine alternative Sichtweise zu den bisher geläufigen Verfahren der M.Ü.

1.1 Kurzer Überblick über die Geschichte der maschinellen Übersetzung

Im Laufe der Geschichte der maschinellen Übersetzung läßt sich eine Entwicklung von zunächst sehr oberflächlichen Wort-für-Wort-Übersetzungen über komplexere Phrasenstrukturanalysen und -synthesen von Quellsprache (QS) und Zielsprache (ZS) über immer "tiefer" reichende syntaktische Analysen der QS bis hin zu sog. semantischen Repräsentationen der zu übersetzenden Sätze, oft an logische Notationen angelehnt, beobachten.

Die Wort-für-Wort-Übersetzungen wurden bereits Anfang der sechziger Jahre fallen gelassen, als immer klarer wurde, "daß dieser lexikalische Ansatz mit allen möglichen Flickverbesserungen (in syntaktischer Hinsicht) doch an der 'syntactic barrier' (ein Ausdruck von V. Yngve) scheitern mußte." (Dietrich u. Klein 1974:119)

Die "Phrasenstrukturmethode" hat sich relativ lange gehalten, bis schließlich 1966 eine von der National Academy of Science eingesetzte Kommission (ALPAC) zu dem Ergebnis kam, daß man "in absehbarer Zeit keine maschinellen Übersetzungen zu erwarten habe, die praktisch brauchbar, zugleich aber billiger als die menschlichen Übersetzer seien". (Dietrich u. Klein 1974:121)

Hiernach gelangte die Forschung der M.Ü zunächst zu einem Stillstand, bis mit dem Aufkommen der generativen Transformationsgrammatik die Möglichkeit gesehen wurde, wesentlich "semantiknähere" Übersetzungssysteme zu konstruieren. In jüngster Zeit (der letzten Phase) ging man dann noch einen Schritt weiter und entwarf Systeme mit einer logikähnlichen semantischen Repräsentationsebene, durch die der Transfer von der QS in die ZS ging.

Ich möchte die Wort-für-Wort-Übersetzungen nicht weiter behandeln, aber die drei anderen Methoden vorstellen, um die in dieser Arbeit angewandte Vorgehensweise vor den forschungsgeschichtlichen Hintergrund zu stellen. Ich beziehe mich dabei auf die drei Methoden mit den Begriffen "Oberflächenstruktur-Methode" (OS-Methode), "Tiefenstruktur-Methode" (TS-Methode) und "semantische Methode".

1.1.1 Die Oberflächenstruktur-Methode

Den Aufbau eines solchen Systems beschreiben Klein und Dietrich:

> (5)(a) Syntaktische Analyse des Quelltextes; das Ergebnis ist eine syntaktische Strukturbeschreibung, beispielsweise ein P-Marker;
> (b) Austausch lexikalischer Einheiten; dabei wird u.U. der Kontext mitberücksichtigt.
> (c) Umformung der Strukturbeschreibung von Q in eine entsprechende Strukturbeschreibung von Z.
>
> (Dietrich u. Klein 1974:119)

Zu beachten ist hier im Vergleich zu den späteren Verfahren, daß es keine Interlingua, also eine künstliche Zwischensprache zwischen QS und ZS gibt. Hieraus folgt sogleich, daß es sich um Methoden für jeweils nur zwei Sprachen handelt, die QS und die ZS. Ferner liegt immer ein zweisprachiges Wörterbuch zugrunde, in dem die Wortformen der QS und der ZS mit jeweiligen syntaktischen Informationen die Einträge bilden. Die Grammatik war von dem Computerprogramm nicht getrennt, sondern bildete eine Einheit. Den Regeln entsprachen "programmierte Algorithmen" (Huckert 1979:9). Die Oberflächenstruktur-Methode scheiterte schließlich an lexikalischen und syntaktischen Mehrdeutigkeiten sowie "an dem Problem der Übersetzung idiomatischer Wendungen" (Huckert 1979:9).

Ferner mag noch ein Grund für das Scheitern gewesen sein, daß man sich, ohne eine Theorie vor Augen gehabt zu haben, immer mehr in sog. ad-hoc-Lösungen verloren hat.

1.1.2 Die Tiefenstruktur-Methode

Mit dem Aufkommen der Transformationsgrammatik, insbesondere auch der generativen Semantik, deren Vertreter ja proklamierten, es gäbe eine universale, sprachunabhängige TS[1], wurden viele neue Forschungsarbeiten zur M.Ü. in Gang

------

1 So z.B. Bach (1968:114): "The actual rules of the base are the same for every language".

gesetzt. Den Aufbau solcher Verfahren skizzieren Dietrich und Klein. Die Verfahren enthalten

> (1)(a) eine explizite Grammatik G(Q) der Quellsprache, d.h. ein System von Regeln, das die Beziehung von Laut und Bedeutung in Q beschreibt, genauer gesagt, den Zusammenhang zwischen semantischen Repräsentationen und zulässigen Symbolfolgen in Q darstellt;
> (b) eine ebensolche Grammatik G(Z) für die Zielsprache;
> (c) ein System R von Regeln, das die semantischen Repräsentationen von G(Q) und von G(Z) einander zuordnet; dies ist nicht nötig, falls bei beiden Grammatiken die semantischen Repräsentationen dieselben sind [...].
>
> (Dietrich u. Klein 1974:119)

Die Vertreter der TS-Methode schränken obiges dahingehend ein, daß sie auf eigentliche semantische Repräsentationen verzichten und die Tiefenstruktur selbst als semantische Repräsentation betrachten[2].

Neben einzelsprachlichen Vorteilen, wie die Möglichkeit der Behandlung von diskontinuierlichen Konstituenten, wie in (1.1),

(1.1) a. Karl läuft weg.
b. ... weil Karl wegläuft.

Topikalisierungserscheinungen etc. hat diese Methode den Vorteil, daß leicht aus mehreren QS in mehrere ZS übersetzt werden kann. Angenommen, es sollen n Sprachen behandelt werden, und zwar so, daß aus jeder Sprache in jede andere Sprache übersetzt werden kann, dann benötigt man genau n Analysegrammatiken und n Synthesegrammatiken. Benutzt man die OS-Methode, so benötigt man n*(n-1) Übersetzungssysteme.

Obwohl theoretisch große Erfolge mit der TS-Methode erzielt werden konnten, gelangte man doch sehr rasch an ihre Grenzen. Dies lag hauptsächlich an der (immer noch) eher syntaktischen Natur der TS, die nicht erlaubte, semantische und pragmatische Mehrdeutigkeiten aufzulösen. So läßt sich etwa die Übersetzung von homme in (1.2) nicht eindeutig bestimmen, sodaß für (1.2) sowohl (1.3) a. als auch (1.3) b. in Frage kommen[3].

(1.2) Tous les hommes sont mortels.

(1.3) a. Alle Menschen sind sterblich.
b. Alle Männer sind sterblich.

------

2 "Die Hypothese lautet also, daß eine Übersetzung ohne Rückgriff auf semantische Repräsentationen, jedoch unter Einbeziehung der Tiefenstruktur möglich ist."

(Dietrich u. Klein 1974:122)

3 Vgl. Huckert 1979:18.

Ein weiterer Nachteil der TS-Methode besteht in der Beschränkung auf die Satzebene, sodaß z.B. die "Bedeutungsgleichheit von Einzelsätzen wie Er fährt einen Porsche. und Satzverknüpfungen wie Er fährt einen Wagen. Es ist ein Porsche." (Stachowitz 1973:9) nicht dargestellt werden kann[4], oder es z.B. keine Möglichkeit gibt, Pronomen zu beziehen.

1.1.3 Die semantische Methode

Bei dieser Methode ist die Interlingua keine Tiefenstruktur im Sinne der Transformationsgrammatik mehr, sondern entspricht eher einer "semantischen Repräsentation". Die semantische Repräsentation ist theoretisch satzübergreifend und erlaubt den Anschluß des Systems an eine Datenbasis, was für pragmatische Mehrdeutigkeiten (solche, für deren Auflösung Weltwissen notwendig ist) von Vorteil ist. Solche Anforderungen stellen z.B. die Mitarbeiter des SFB 99 an ihr System SALAT:

> Vielmehr soll die Konstruktion von SALAT parallel zur Entwicklung einer Sprachbeschreibungstheorie erfolgen, die ein semantisches Repräsentationssystem auf logischer Grundlage bereitstellt und sowohl die Einbeziehung pragmatischer Informationen als auch die kalkülmäßige Erfassung von Bedeutungszusammenhängen möglich macht. (SFB 99 I, 1976:13)

Hier wird die richtige Lesart eines ambigen Satzes herausgefunden "mit Hilfe der Deduktionskomponente unter Verwendung von aus dem umgebenden Text (kotext) und der Verwendungssituation (kontext) zu entnehmender Information sowie unter Rückgriff auf eine Datenbasis, die außerlinguistische, nicht dem Kotext zu entnehmende Information ('Weltwissen') bereitstellt [...]". (SFB 99 I, 1976:19). Es ist ein genereller Trend zu beobachten, der dahin geht, die M.Ü. nicht mehr vorwiegend als linguistisches Problem zu betrachten, sondern sie in den weiteren Rahmen der "Artificial Intelligence" (AI)-Forschung zu stellen[5].

1.2 Anforderungen an die maschinelle Übersetzung

Eine realistische Einschätzung der bisherigen und zukünftigen Entwicklung der M.Ü. scheint trotz aller positiven Teilergebnisse doch eher zu dem Ergebnis zu führen, daß eine vollautomatische Übersetzung mit hoher Quali-

------

4 Ich teile allerdings Stachowitz' Meinung, diese Sätze seien "bedeutungsgleich", nicht.

5 "Die AÜ (Automatische Übersetzung, H.-U. B.) wird als Teilgebiet der AI (Artificial Intelligence) begriffen."

(Huckert 1979:10)

tät zu niedrigen, d.h. wirtschaftlich interessanten Preisen in den nächsten Jahrzehnten nicht erreicht werden wird. Daher bleibt die Frage: Warum betreibt man heute M.Ü.? Die Antwort darauf wird unterschiedlich ausfallen, je nachdem ob sie von einem "Sprachwissenschaftler" oder von einem "Wirtschaftsmanager" beantwortet wird.

Der Manager gibt sich mit einem System zufrieden, das zwar nicht völlig korrekt, wohl aber verständlich übersetzt[6], sofern es die Übersetzung nur schneller und billiger beschafft als ein menschlicher Übersetzer. Ihn interessiert die linguistische Theorie nur als Mittel zum Zweck, der hier die Verbesserung der Qualität und Effizienz des Übersetzungssystems ist.

Den Sprachwissenschaftler interessieren hingegen Kosten und Schnelligkeit des Systems, ja selbst das Resultat der Übersetzung wenig. Ihm geht es um die "Überprüfung linguistischer Theorien durch vollständige Algorithmisierung" (Huckert 1979:6). Huckert formuliert die unterschiedlichen Anforderungen an "ökonomisch orientierte" und "theoretisch orientierte Verfahren" wie folgt:

> -ökonomisch orientierte Verfahren müssen große Datenmengen in kurzer Zeit verarbeiten. Die Ausführungsgeschwindigkeit spielt dagegen in theoretischen Verfahren eine untergeordnete Rolle
>
> -Theoretische Verfahren konzentrieren sich auf interessante, relativ willkürlich gewählte Sprachausschnitte, die statistisch möglicherweise uninteressant sind. In ökonomischen Systemen wird der gewählte Sprachausschnitt im allgemeinen größer und homogen sein. Die ausgewählten Sprachausschnitte sind meist einem bestimmten Fachgebiet entnommen, z.B. der Meteorologie (System METEO), dem Flugzeugbau (TAUM - Aviation) oder der Textilindustrie (TITUS). Die in solchen Systemen bearbeiteten Sprachausschnitte sind linguistisch nicht sehr interessant.
>
> -ökonomisch orientierte Systeme können Sprachbeschreibungen verwenden, die linguistisch uninteressant (weil trivial) oder theoretisch überholt sind. Das Ziel solcher trivialer Verfahren ist die Korrektheit des Endresultats. Wie dieses Endresultat zustande kam, interessiert nicht. Dagegen ist die Korrektheit der linguistischen Theorie für theoretisch orientierte Verfahren ein zentrales Ziel und gleichzeitig Arbeitshypothese. Nicht das Endresultat, also die Übersetzung interessiert, sondern die Umsetzung der linguistischen Theorie in Regeln und Algorithmen.
>
> (Huckert 1979:6f.)

Huckerts sehr extreme Unterscheidung ist m.E. an einigen Punkten etwas abzuschwächen.

------

6 Ich habe bei verschiedenen Vorführungen kommerzieller Systeme feststellen müssen, daß sich der "Manager" meist mit Übersetzungen zufrieden gibt, die man nicht ohne Wohlwollen als verständlich erachten kann.

Erstens meint Huckert offensichtlich "Übersetzungstheorie", wenn er von "linguistischer Theorie" spricht, denn zur Überprüfung linguistischer Theorien benötigt man kein M.Ü.- System. Ein "grammar-tester" (Stachowitz 1973:3), also ein System, das lediglich Sätze einer Sprache gemäß einer eingegebenen Grammatik analysiert oder synthetisiert, ist hierzu besser geeignet.

Zweitens kann man durch die maschinelle Überprüfung von Grammatiken lediglich feststellen, ob sie "in sich" stimmen, d.h. widerspruchsfrei sind. Zur empirischen Evaluierung von Grammatiken benötigt man sehr große Datenmengen. Bisher sind aber gerade nur ökonomisch ausgerichtete M.Ü.-Systeme in der Lage, große Datenmengen in akzeptabler Zeit zu verarbeiten.

Daher stellt sich die Frage, ob es überhaupt möglich ist, mit Hilfe der M.Ü. die "Richtigkeit" einer linguistischen Theorie zu überprüfen. Ein realistischerer Anspruch an die theoretische M.Ü. ist der, eine linguistische Theorie daraufhin zu überprüfen, ob sie für die M.Ü. brauchbar ist, oder zu prüfen, welche von mehreren Theorien brauchbarer ist.

Unterscheidet man zwischen Erkenntniswissenschaften und Ingenieurswissenschaften, dann gehört die M.Ü. sicherlich in den zweiten Bereich. Ich verstehe daher die M.Ü. als Teil der angewandten Sprachwissenschaft. Unter diesem Aspekt spielt aber die Leistung eines Systems bezüglich benötigter Rechenzeit, Speicherplatz etc. keine untergeordnete Rolle mehr, sondern ist für die Evaluierung eines Systems relevant.

Was für das Verhältnis von M.Ü. zur linguistischen Theorie gilt, gilt im Prinzip auch für ihr Verhältnis zur Beschreibung der sprachlichen Daten in einer bestimmten Theorie: Die M.Ü. kann auf bereits von Linguisten erarbeitete Beschreibungen zurückgreifen und sie "anwenden". Leider gibt es zur Zeit noch keine explizite und vollständige linguistische Beschreibung einer Sprache:

> Das Widerstreben der Linguisten, einen Computer zu benützen, beruht natürlich auf der Tatsache, daß es keine umfassende Theorie der Grammatik gibt, die funktioniert. Schätzungen über die voraussichtliche Zeitdauer zur Konstruktion einer solchen Grammatik variieren beträchtlich. Wir haben sogar Meinungen gehört, daß dazu eine Zeit von etwa 500 Jahren erforderlich sei. Sicherlich ist diese Zahl eine Übertreibung. Dennoch hat eine Anzahl bekannter Linguisten ernsthaft versichert, daß es nach ihrer Ansicht etwa 150 Jahre grammatischer Untersuchungen bedürfe, bevor man eine komplette Grammatik für eine Sprache entwikkelt habe.
>
> (Stachowitz 1973:2)

Hier liegt aber gerade der linguistische Reiz der M.Ü.. Durch die M.Ü. wird dem Linguisten deutlich, wie genau seine Beschreibungen sein sollten - und wie ungenau sie noch sind. Da in eine M.Ü. mindestens zwei Sprachen involviert sind, ist sie besonders für den vergleichend arbeitenden Sprachwissenschaftler von Interesse.

Unter diesem etwas veränderten Blickwinkel betrachtet, führt der Vergleich von semantischen und syntaktischen Methoden zu einer anderen Einschätzung.

1.2.1 Syntax- vs. semantikorientierte Systeme

Unter syntaxorientierten Systemen verstehe ich hier solche, die den eingegebenen quellsprachlichen Ketten (1) eine oder mehrere Strukturbeschreibungen zuordnen und (2) die zielsprachliche Kette durch Transformationen der Quellkette oder durch einen durch die SB der Quellkette geleiteten Synthesemechanismus erzeugen.

Semantisch orientierte Systeme ordnen (1) den quellsprachlichen Ketten SB zu, (2) transformieren sie in Strukturen einer definierten formalen Sprache (oft an die Logik angelehnt) und (3) erzeugen aus dieser Sprache Ketten einer oder mehrerer Zielsprachen. Mehrdeutigkeiten werden bei den semantischen Systemen auf der Ebene der formalen Sprache aufgehoben, bei den syntaktischen Systemen muß dies während der Analyse der QS geschehen.

Zunächst muß noch einmal darauf hingewiesen werden, daß syntax-orientierte Systeme bestimmte Teiltexte nicht übersetzen können. (s. 1.1.1), semantikorientierte Systeme eher. Weiterhin gibt es einen großen Bereich von Texttypen, z.B. schöngeistige Literatur, die überhaupt nicht maschinell übersetzt werden können.

Semantikorientierte Systeme sind wesentlich komplexer als syntaxorientierte. Sie benötigen mehr Speicherplatz und durch den konsequenten Verzicht auf Ausnutzung struktureller Ähnlichkeiten zwischen QS und ZS wesentlich mehr Rechenzeit. Betrachten wir z.B. die Übersetzung des Satzpaares

(1.4) a. Tous les hommes sont mortels.
b. Alle Menschen sind sterblich.

und eine mögliche logisch-semantische Repräsentationsform als Interlingua:

(1.4) c. ALL x [HOMME(x) -> MORTEL(x)]

Nehmen wir ferner an, die Ausdrücke aus (1.4) hätten die Phrasenstrukturen[7]

(1.5) a.

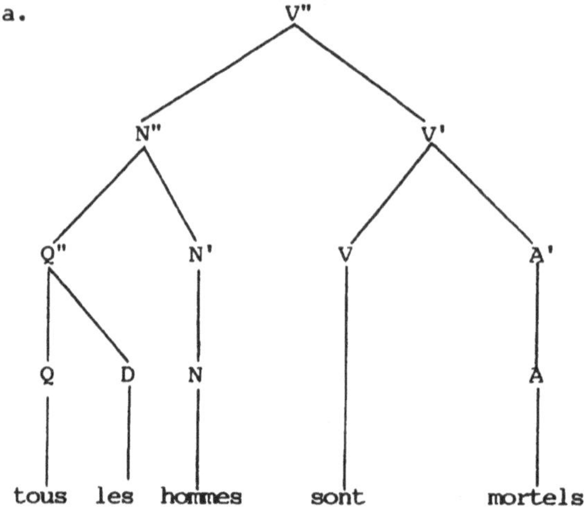

b.

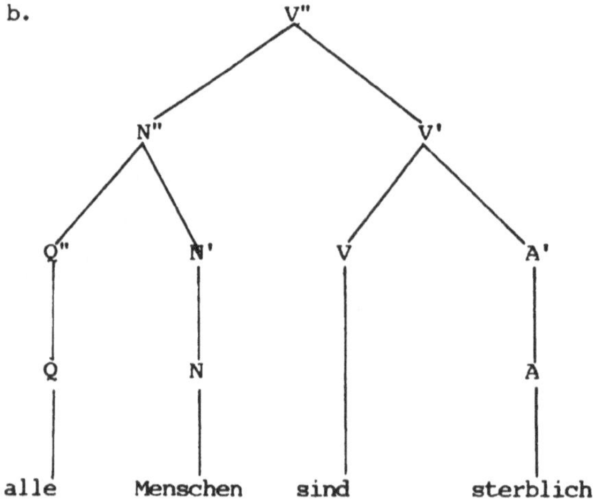

------

7 Die Strukturbäume a. und b. sind in Anlehnung an die X-bar-Theorie (s. Jackendoff 1977), der Strukturbaum c. wie auch das Beispiel selbst in Anlehnung an Huckert (1979:16) verfaßt.

c.

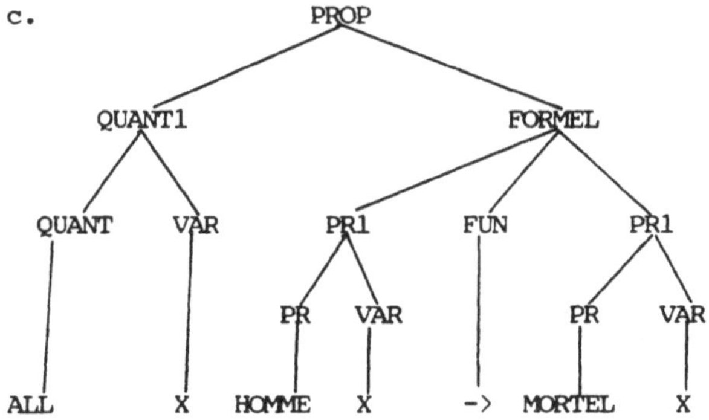

Es ist offensichtlich, daß die Veränderung von (1.5) a. zu (1.5) b. über (1.5) c. wesentlich mehr Operationen erfordert als die direkte Veränderung, bei der man neben dem Austausch des terminalen Vokabulars nur eine Regel etwa

(1.6) tous [$_{D'}$ les] ==> tous Ø

benötigt.

Insgesamt mag also gelten, daß sich "semantische Repräsentationen, die im wesentlichen die Oberflächenstruktur der Quellsprache bewahren, [...], nach Ersetzung der quellsprachlichen durch zielsprachliche Lexeme unter Anwendung einer geringeren Zahl von Regeln in einen Satz der Zielsprache umwandeln lassen, als Repräsentationen, die die quellsprachliche Struktur weitgehend aufgegeben haben[8]." (Weißenborn 1978:8)

Boitet et. al. (1980:431) meinen sogar, daß "also human professional translators seem very often to produce quite acceptable results without actually abstracting the deep meaning and rephrasing it, but rather by using standard syntactic transformations (like passive-active, reordering of nominal groups, passive-impersonal, splitting up sentences, etc.)"

Weiter führt Weißenborn als Argument gegen eine semantische Interlingua (in dem hier benutzten Sinne) " die Behandlung von Negation, Quantifikation, den Skopus von Adverbialphrasen oder Topic-Comment und Thema-Rhema-Strukturen" an, bei denen "die Oberflächenstruktur eine entscheidende Rolle" spielt

------

8 Weißenborn (1978:5) faßt den Begriff "semantische Repräsentation" weiter, als ich es getan habe: "Im Hinblick auf das praktische Ziel der Übersetzung und unabhängig von bestimmten Bedeutungstheorien kann man jedoch auch sagen, daß als semantische Repräsentationen eines quellsprachlichen Ausdrucks jedes Analyseresultat angesehen werden kann, das es erlaubt, einen gleichbedeutenden zielsprachlichen Ausdruck zu erzeugen." (ebd.)

(Weißenborn 1978:8).
Natürlich wird ein System mit logischer Interlingua solche Unterschiede duch verschiedene Sätze der IL repräsentieren. Nur ist es oft sehr schwer, wenn nicht unmöglich, z.B. den Skopus von mehreren Quantoren und Negationen herauszufinden; einem Satz aus der QS entsprechen oft mehrere Sätze der Interlingua aber nur ein Satz der ZS.

(1.7) a. Jacques veut se marier avec une française.
b. Jacques will eine Französin heiraten.

Sowohl der französische als auch der deutsche Satz kann entweder bedeuten, daß es eine Französin gibt, die Jacques heiraten will, oder daß Jacques will, daß es eine Französin gibt, mit der er sich verheirate.

Ein weiterer Punkt, der m.E. gegen eine (konsequente) Interlingua-Lösung spricht, betrifft die Aufhebung struktureller Mehrdeutigkeiten. Mehrere syntaktisch mögliche Lesarten eines Satzes werden durch ebensoviele Sätze der IL repräsentiert. Von diesen IL-Sätzen wird dann durch ein Merkmalsystem oder durch eine Deduktionskomponente die pragmatisch und semantisch richtige, d.h. die intendierte Lesart ausgewählt. In vielen Fällen übersteigt aber die Zahl der syntaktisch möglichen Lesarten bei weitem die Zahl von Sätzen, die in einem Computer gespeichert werden können. Z.B. ordnet das Grammatikfragment

(1.8) VP --> V NP PP*
NP -> (Det) N PP*
PP -> P NP

dem Satz

(1.9) Die Arbeitsgruppe verglich den Anteil an Cyanid in der Probe von der Firma-Müller mit dem Anteil an Cyanid in der Probe von der Firma-Schulze.

1430[9] verschiedene Lesarten zu. Eine realistische Lösung kann nur sein, semantische und syntaktische Analyse parallel oder abwechselnd fortschreiten zu lassen. Dies scheint umso notwendiger, als die Zahl der möglichen Lesarten drastisch zurückgeht, wenn Ambiguitäten bereits während der syntaktischen Analyse aufgelöst werden. Z.B. sind in (1.9) bei paralleler Disambiguierung und angenommener jeweils richtiger Strukturierung nur 21 vergleichende Überprüfungen zur Strukturierung der PP-Kaskade notwendig, nämlich <u>an Cyanid</u> mit <u>Anteil</u> und <u>verglich</u>, <u>in der Probe</u> mit <u>Cyanid</u>, <u>Anteil</u> und <u>verglich</u>, <u>von der Firma-Müller</u> mit <u>Probe</u>, <u>Anteil</u> und <u>verglich</u>, <u>mit dem Anteil</u>

------
9 Diese Zahl wurde durch einen vom Verf. programmierten Grammar-Tester entwickelt.

mit Firma-Müller, Probe und Anteil und verglich etc.

Ein weiteres Argument für eine parallel laufende Disambiguierung - und evtl. eine parallel arbeitende Übersetzung - besteht in der Tatsache, daß Synchron-Dolmetscher in der Lage sind, Sätze der QS schrittweise, d.h. vor deren Beendigung in die ZS zu übersetzen. In (1.9) etwa kann Die Arbeitsgruppe verglich bereits übersetzt werden, bevor der Satz fortgeführt wird. Ein maschinelles Übersetzungssystem als Modell der menschlichen Fähigkeit zu übersetzen sollte dieser Tatsache zumindest formal gerecht werden. Im Grunde sollte sich ein Übersetzungssystem immer an den Eigenschaften eines Humanübersetzers orientieren. Zu diesen Eigenschaften zählt z.B. auch, daß ein Übersetzer, der mit einer strukturellen Ambiguität konfrontiert wird, die er aufgrund von Unkenntnis auf dem Fachgebiet nicht aufzulösen in der Lage ist, Strategien entwickeln kann, dem Zuhörer (oder dem Leser) den Text so aufzubereiten, daß letzterer nicht unbedingt die Unkenntnis des Übersetzers bemerkt. Ein Übersetzungssystem sollte ähnliche Fähigkeiten besitzen oder zumindest eine möglichst "schöne" Übersetzung nach Standardwerten abliefern. Auf keinen Fall aber sollte das System die Übersetzung abbrechen. Ich möchte in dieser Arbeit die These vertreten, daß die Übersetzung einer großen Zahl von strukturell mehrdeutigen Ausdrücken unter Ausnutzung der strukturellen Ähnlichkeiten zwischen QS und ZS und durch die Benutzung bestimmter Analyse- und Übersetzungsstrategien ohne wesentlichen Rückgriff auf semantische Informationen möglich ist. Weiterhin möchte ich zeigen, daß ein solcher Ansatz in Bezug auf den benötigten Speicherplatz und die Rechenzeit wesentlich effizienter ist als ein semantisch orientiertes System. Im folgenden werde ich skizzenhaft ein System, das die letztgenannten Eigenschaften besitzt, umreißen.

Betrachten wir zunächst noch einmal einige Fähigkeiten eines Dolmetschers. Ein Dolmetscher hört und übersetzt einen Satz im Verlauf der Zeit. Dies entspricht der Lektüre eines Textes von links nach rechts. Ein Übersetzungssystem sollte diesen Ablauf simulieren und nur begrenzt die Möglichkeit besitzen, Daten zu speichern.

Ein Dolmetscher ist zu jedem Zeitpunkt der Übersetzung dazu in der Lage, eine Übersetzung zu liefern, auch, wenn der laufende Satz noch nicht beendet ist, ja selbst dann, wenn die gerade gesprochene Konstituente noch nicht beendet ist. So ist z.B. die Übersetzung von (1.10) a. möglich, ohne daß der gesamte Ausdruck b. gesprochen wurde.

(1.10) a. une culasse en alliage d'aluminium
ein Zylinderkopf aus Aluminiumlegierung

b. une culasse en alliage d'aluminium à chambres de combustion en forme de coin

ein Zylinderkopf aus Aluminiumlegierung mit keilförmigen Brennkammern

Weiterhin ist z.B. die Übersetzung des Subjekts eines Satzes ohne Kenntnis des Verbs möglich (s.o.). Der Analyseteil des Übersetzungssystems sollte diese Fähigkeit ebenfalls besitzen.

Ein Dolmetscher liefert meist nur <u>eine</u> Übersetzung, auch wenn der zu übersetzende Text nach seiner Einschätzung mehrere Lesarten besitzt.

Ein Dolmetscher ist in der Lage, <u>alle</u> Ausdrücke der QS zu übersetzen, sofern er die notwendigen Vokabeln kennt. Dies beinhaltet auch die Möglichkeit, ungrammatische Ausdrücke zu übersetzen. Z.B. ist (1.11) b. eine gute Übersetzung von (1.11) a.

(1.11) a. äh puff üh les chaises ääh oui ssst pardon je moi pourquoi ääh une culasse en alliage d'aluminium pardon n'est pas vraiment tu pense

b. äh hach üh die Stühle ja ssst entschuldigung ich ich warum äh ein Zylinderkopf aus Aluminiumle-gierung entschuldigung ist nicht wirklich du denkst

Es ist nicht einzusehen, warum ein Übersetzungssystem diese Fähigkeit nicht haben sollte.

Einer der wesentlichen Unterschiede zwischen einem "Modelldolmetscher", der die o.g. Fertigkeiten besitzt und einem System zur maschinellen Übersetzung, das diese Fähigkeiten nicht besitzt, besteht m.E. in der unterschiedlichen Auffassung von "Grammatik" bzw. deren Rolle in der maschinellen Analyse.

Unter Analyse wird dabei die Zuordnung einer Struktur zu der eingegebenen Kette verstanden. Wir betrachten zunächst die verschiedenen Methoden dieser Strukturzuordnung.

Die meisten Analysesysteme enthalten (1) eine Grammatik, die (etwa im Sinne der Transformationsgrammatik) alle wohlgeformten Sätze einer Sprache aufzählt, und (2) eine Vorrichtung, die zu einem gegebenen Satz feststellt, ob er von der Grammatik erzeugt werden kann. Diese Vorrichtung (2) ist von der Grammatik völlig unabhängig und interpretiert jede Grammatik in gleicher Weise. Als "Nebenprodukt" zu der Feststellung der Grammatikalität liefert sie die Struktur der Eingabekette. Ist die Eingabekette ungrammatisch, kann ihr keine Struktur zugewiesen werden.

Die Fähigkeiten unseres Modelldolmetschers liegen darin, für jede eingegebene Kette eine Struktur zu liefern und gleichzeitig zu "wissen", welche von mehreren möglichen Strukturen die bessere ist. Im Gegensatz zu dem Übersetzungssystem "weiß" unser Dolmetscher aber nicht, ob eine Struktur an und für sich "gut" ist oder nicht.

Die Fähigkeit, eine Kette bis zu einem beliebigen Punkt zu analysieren und dann zu übersetzen, erlangt unser Modelldolmetscher dadurch, daß die Grammatik, die die Anweisungen zur Bildung der Strukturen enthält, von diesen Strukturen getrennt ist. Während die Regeln einer (kontextfreien) Grammatik in bestimmter Weise den Konstituenten eines Satzes entsprechen, derart, daß die Anwendung einer Regel zu genau einer Konstituente führt, besitzt unser Modell eine "Grammatik", die es erlaubt, mehrere Konstituenten in einer Regel zu bilden oder zur Bildung einer Konstituente mehrere Regeln zu benötigen. Die Grammatik des Modelldolmetschers ist nicht so sehr an den möglichen Konstituenten der Sprache orientiert, sondern an dem zeitlichen Verlauf der Bildung der Konstituenten. Die Analyse läuft nicht von oben nach unten (top-down) oder von unten nach oben, sondern strikt von links nach rechts und sowohl von oben nach unten als auch von unten nach oben. Der Kerngedanke dieser Grammatik liegt in der Trennung von Daten und Prozeduren. Die Daten sind in diesem Fall die syntaktischen Strukturen, die Prozeduren die Vorrichtungen, die diese Strukturen erzeugen. Außer dieser Erzeugung besteht zwischen Daten und Prozeduren kein Zusammenhang. Eine Grammatik, die diese Eigenschaften hat, nenne ich im folgenden eine "prozedurale Grammatik".

2. DER AUFBAU DES ÜBERSETZUNGSMODELLS

Dieses Kapitel stellt ein System zur maschinellen Übersetzung vor, das in UCSD-Pascal auf einem Microcomputer implementiert wurde. Das System ist ein Grammar-Interpreter, der die Formulierung von Analyse- und Übersetzungsregeln in einer einfachen formalen Sprache erlaubt.

Die einzelnen Übersetzungsschritte und die Interaktion von Lexikon und Grammatik werden dargestellt.

2.1 Der Aufbau des Gesamtsystems

In diesem Kapitel wird der Aufbau des gesamten Systems aus Benutzersicht, d.i. aus linguistischer Sicht bechrieben. Details zur Implementierung des Systems, die eher den Informatiker als den Linguisten interessieren, bleiben in dieser Arbeit ausgespart.[10] Die Beschreibung folgt der im Rahmen der prozeduralen Theorie gemachten Unterscheidung von Struktur und Prozedur.

2.1.1 Die Strukturen

Das System enthält die Datentypen Baum, bzw. Knoten und Lexikoneintrag.

2.1.1.1 Dependenzbäume

Die in unserem Modell verwendete Darstellungsweise für syntaktische Strukturen ist an die Dependenzgrammatik angelehnt. Der Begriff der Dependenz geht auf den französischen Linguisten Lucien Tesnière (1959) zurück.

Er geht in seinem Modell vom Satz als größter syntaktischen Einheit aus, der ein "ensemble organisé" ist, "dont les éléments constituants sont les mots" (1959:11). Zwischen diesen "mots" bestehen "des connexions structurales" (S.13), die zwischen den <u>mots</u> "des rapports de dépendance" (ebd.) etablie-

------

10 Eine genaue Beschreibung ist in Vorbereitung.

ren. "Chaque connexion unit en principe un terme supérieure à un terme inférieur" (ebd.). Der "terme supérieur" heißt "régissant", der "terme inférieur" "subordonné". In einem Dependenzverhältnis hängt der subordonné vom régissant ab. In Tesnières Modell ist es ferner gestattet, daß ein régissant mehrere subordonnés hat und ein subordonné gleichzeitig régissant anderer subordonnés ist. Die Struktur eines Satzes ergibt sich nun aus der "hiérarchie de ses connexions" (S.14). Eine Dependenzgrammatik (DG) in diesem Sinne besteht also aus einer Menge von mots und einer Menge von Aussagen über die zwischen ihnen bestehenden connexions, d.i. "des rapports de dépendance"[11]. Eine formale Darstellung einer Dependezbeziehung ist etwa die folgende:

(2.1) $X\ (Y_1, Y_2, \ldots Y_n)$

wobei X régissant ist und Y_1 bis Y_n subordonés sind. Bei Tesnière werden die Dependenzbeziehungen in Form eines "Stemmas" dargestellt. Dem Ausdruck (2.1) entspricht dann das Stemma (2.2).

(2.2)

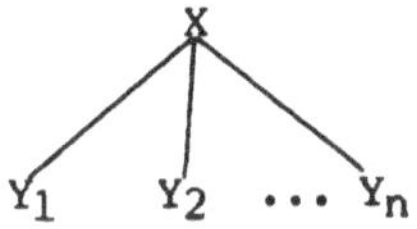

Beide Darstellungen sind äquivalent. Die Hierarchiebildung im "ordre structural" sei an folgendem Beispielsatz erläutert: S = A B C D E F. Es gebe die Dependenzrelationen

(2.3) a. C(B,D,E)
b. B(A)
c. E(F)

dann gibt der Ausdruck C(B(A),D,E(F)) die Struktur von S an und ist dem Stemma (2.4) äquivalent

(2.4)

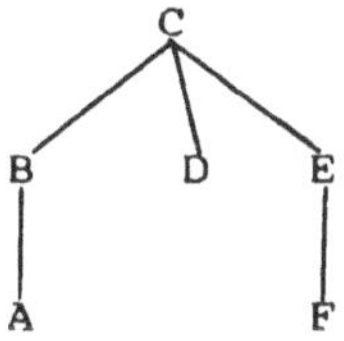

Allerdings wird mit den Relationen (2.3) a. bis c. keinerlei Aussage über die lineare Anordnung der mots gemacht. Die Relationen könnten genau so gut für den Satz B A F E D C, für den Satz C A B F E D etc. gelten, wie aus (2.5) ersichtlich wird.

------

11 Zur Dependenzgrammatik vgl. auch Klein 1971:25ff.

(2.5) a.

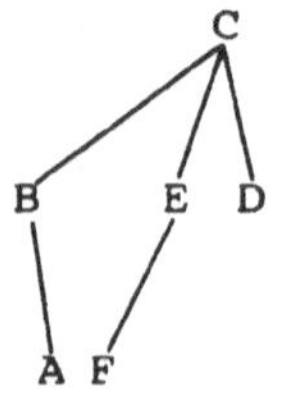

b.

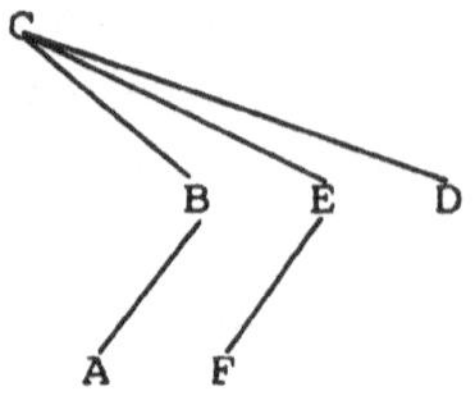

Zur Darstellung der linearen Abfolge der <u>mots</u> legen wir zunächst fest, daß die Abfolge der subordonnés in einem Stemma ihrer linearen Abfolge entspricht, sodaß für jedes Stemma X(A,B,C) gilt, daß B unmittelbar auf A und C unmittelbar auf B folgt. Zur Markierung der Position, die der régissant in der Kette einnimmt, benutzen wir die von Hays (1972) eingeführte Konvention, die Position des régissant durch ein Platzhaltersymbol "*" anzugeben. Für jedes Stemma A(B,*,C) gilt dann, daß A auf B und C auf A folgt. Dem Satz <u>les petits ruisseaux font les grandes rivières</u>, dessen Struktur Tesnière (1959:19) durch das Stemma

(2.6)

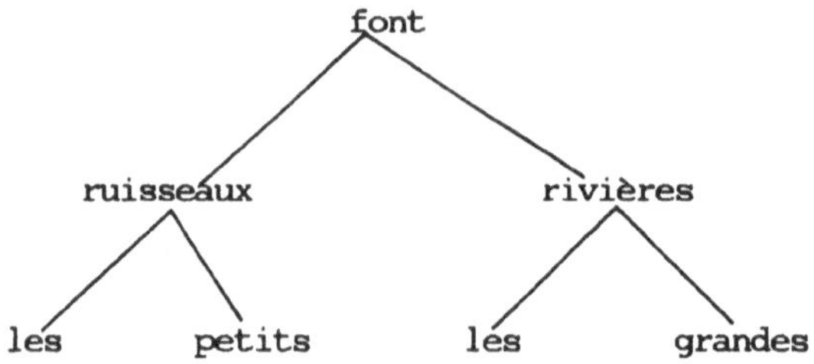

wiedergibt, erhält in unserer Notation folgende Strukturbeschreibung:

(2.7) font (ruisseaux (les (*), petits (*), *), *, rivières (les (*), grandes (*), *))

bzw. als Stemma

(2.8)

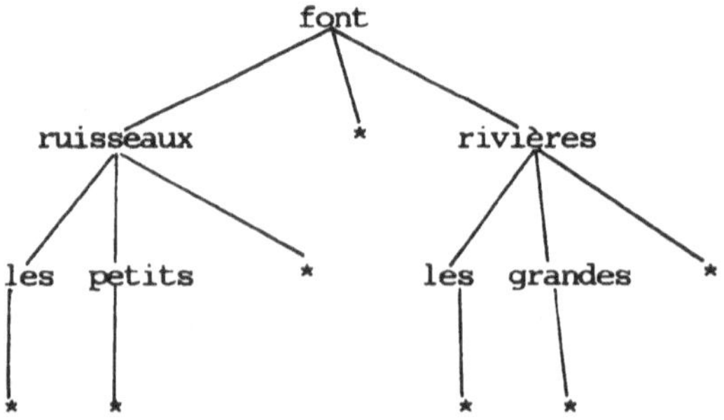

Der Begriffsbildung der Graphentheorie folgend, nennen wir jedes Element des Stemmas (den Stern eingeschlossen) einen Knoten. Einen Knoten A, der von einem Knoten B abhängt, sodaß die Beziehung B(A) besteht, nennen wir Tochter von B. Umgekehrt nennen wir B Mutter von A. Haben mehrere Knoten eine gemeinsame Mutter, so sind sie Schwestern. Seien A und B Schwestern, so heißt A linke Schwester von B, wenn A B unmittelbar vorausgeht (X(A,B)). Umgekehrt heißt A rechte Schwester von B, wenn A unmittelbar auf B folgt (X(B,A)).

Aus der oben eingeführten Haysschen Notation folgt, daß jedes Wort (*mot*) eines Tesnièreschen Stemmas durch zwei Knoten repräsentiert wird, wobei der eine Knoten das Wort selbst ist, der andere Knoten das Platzhaltersymbol "*".

Bisher haben wir die Datenstruktur "Baum" vorgestellt, die zur Darstellung der zwischen den Wörtern eines Satzes bestehenden Dependenzrelationen dient. Ein solcher Baum besteht ganz allgemein aus einer Menge von Knoten und Kanten. Die Knoten eines Baumes sind in unserem Modell keine Atome, sondern selbst wieder komplexe Entitäten.

2.1.1.1.1 Die Knoten

Die Knoten eines Baumes enthalten verschiedene Informationen, wie die Wortart, die Wortform etc. Jeder Knoten enthält eine Kette von Zeichen W, die Wortform, eine Menge F von syntaktischen und semantischen Merkmalen und ein Element R, das die syntaktische oder semantische Rolle angibt, die der Knoten im Baum spielt (s.u.). Wir betrachten somit einen Knoten als ein Tripel <W,F,R>. Die Knoten des obigen Satzes *les petits ruisseaux font les grandes rivières* könnten z.B. folgendermaßen aussehen:

(2.9) <font,{verb,präsens,3.ps},zero>
<ruisseaux,{substantiv,pl.,mask},subjekt>
<rivières,{substantiv,pl.,fem},objekt>
<les,{det,def,pl},det>
<petits,{adj,pl,mask},modif>
<les,{det,def,pl},det>
<grandes,{adj,pl,fem},modif>

2.1.1.1.1.1 Merkmale

Ein Merkmal besteht aus einer beliebig langen Zeichenkette, allerdings werden nur die ersten fünf Zeichen der Kette berücksichtigt. Merkmale dienen zur syntaktischen und semantischen Charakterisierung eines Knotens. Das System erlaubt nur binäre Merkmale, sodaß ein Knoten ein bestimmtes Merkmal entweder haben oder nicht haben kann.

2.1.1.1.1.2 Rollen

Eine Rolle besteht aus einer beliebig langen Zeichenkette, allerdings werden nur die ersten fünf Zeichen der Kette berücksichtigt. Die Rollen dienen dazu, die Relation eines Knotens zu seinem Mutterknoten zu benennen. Sie können im Prinzip als "Tiefenkasus" im Fillmoreschen Sinn aufgefaßt werden.[12]

2.1.1.1.1.3 Leerwerte (default values)

Ein neu erzeugter Knoten enthält die leere Kette Ø als Wortform, eine leere Merkmalmenge F und die Rolle "zero".

2.1.1.2 Die Struktur des Lexikons

Ein Lexikoneintrag besteht aus einem Eintrag der Quellsprache und einer geordneten Menge von Einträgen der Zielsprache.

2.1.1.2.1 Der Eintrag der Quellsprache

Eine quellsprachliche Eintragung enthält die Wortform W sowie eine Menge von syntaktischen und semantischen Merkmalen F. Ferner enthält sie einen Verweis auf die entsprechende Eintragung der Zielsprache, ZE, sowie einen Ausdruck in BMS (s.u.).

2.1.1.2.2 Der Eintrag der Zielsprache

Ein zielsprachlicher Eintrag enthält die Wortform W, eine Merkmalmenge F, einen Ausdruck in BMS (s.u.) sowie einen Verweis auf eine mögliche Alternative A.

2.1.2 Prozeduren

Prozeduren sind strukturverändernde Operationen. Die Menge der Prozeduren

------

12 siehe Abschnitt 4.3 für eine Anwendung auf das frz. Nominalsyntagma. zu den Tiefenkasus vgl. Fillmore 1971

enthält Tests und Aktionen. Prozeduren werden in der Beschreibungssprache BMS formuliert.

2.1.2.1 Die Beschreibungssprache BMS

BMS (Baummanipulationssprache) ist eine einfache formale Sprache, die die Formulierung von Tests und Aktionen auf dem oben beschriebenen Datentyp "Baum" erlaubt. BMS hat eine LISP-ähnliche Syntax.[13]

2.1.2.1.1 Syntax von BMS

Ein Ausdruck in BMS besteht aus einer öffnenden Klammer "(" gefolgt von dem Namen einer Operation, 0 bis 2 Argumenten und einer schließenden Klammer:[14]

```
(2.10)   Ausdruck::= "("Operation (Argument) (Argument) ")"
```

Ein Argument ist entweder eine ganze Zahl, eine Zeichenkette oder ein Ausdruck:

```
(2.11)   Argument::= {Integer ¦ Kette ¦ Ausdruck}
```

Die Operationen sind durch die folgende Regel definiert:

```
(2.12)   Operation::= {u ¦ o ¦ n ¦ t ¦ m ¦ l ¦ r ¦ < ¦ > ¦ f ¦ p ¦ d ¦ s ¦ @
                      ¦ +l ¦ +r ¦ +< ¦ +> ¦ :l ¦ :r ¦ :< ¦ :> ¦ = ¦ / ¦ 0 ¦
                      * ¦ a ¦ e ¦ # ¦ ? ¦ ! ¦ . ¦ v ¦ w }
```

Folgende Liste gibt die für die einzelnen Operationen zulässigen Argumente an: (A=Ausdruck, I=ganze Zahl, K=Kette)

```
(2.13)   (u A A) (o A A) (n A)    (t)
         (m A)   (l A)   (r A)    (< A)   (> A)
         (f K)   (p K)   (d K)    (s K)   (§ K)
         (+l I I) (+r I I) (+< I I) (+> I I)
         (:l I A) (:r I A) (:< I A) (:> I A)
         (? I A) (! I)
         (= I I) (. I I)
         (/ I) (0 I) (* I)
         (a K) (e K)
         (v K) (w K)
         (# I I)
```

2.1.2.1.2 Semantik von BMS

Jede Operation in BMS ist eine boolesche Funktion, sodaß jeder Ausdruck den

------

13 zu der Programmiersprache LISP s. Winston u. Horn 1981

14 (2.10) ist in Backus-Normal-Form notiert. Das Zeichen "::=" entspricht dem Zeichen "-->" einer PS-Regel.

Wert wahr oder falsch annimmt. Die Operationen sind Tests und Aktionen. Aktionen liefern immer den Wert wahr.

Bevor die Operationen im einzelnen beschrieben werden, ist es notwendig, zwei weitere Daten einzuführen, nämlich den "laufenden Knoten"(LK) und die "Variablenliste" (V[1,2,...,n]).

Zu jedem Zeitpunkt der Manipulation einer Baumstruktur gibt es einen besonderen Knoten des Baums, den sog. "laufenden Knoten". Dies ist der Knoten, auf dem die laufende Operation wirksam wird.

Weiterhin ist es möglich, verschiedene Knoten in einer Variablenliste zu speichern, durch die Angabe einer ganzen positiven Zahl auf sie zuzugreifen. Ein typischer Schnappschuß ist z.B.

(2.14)

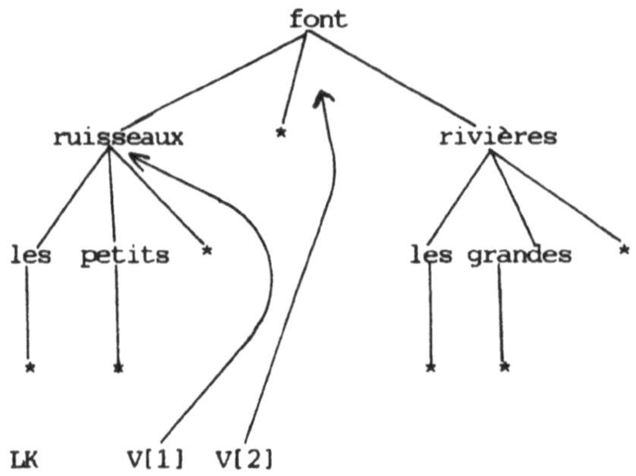

2.1.2.1.2.1 Die Operationen

1. Tests

(f K) wird dann wahr, wenn der laufende Knoten das Merkmal K hat.

(§ K) wird dann wahr, wenn der laufende Knoten die Rolle K spielt.

(u A_1 A_2) entspricht in etwa dem logischen und. Wird dann wahr, wenn A_1 und A_2 wahr sind.

(o A_1 A_2) entspricht in etwa dem logischen oder. Wird dann wahr, wenn mindestens einer der beiden Ausdrücke wahr ist.

(n A) entspricht dem logischen nicht. Wird dann wahr, wenn A falsch ist.

(m A) wird dann wahr, wenn A für den Mutterknoten von LK gilt.

(l A) wird dann wahr, wenn A für die linke Tochter von LK gilt.

(r A) wird dann wahr, wenn A für die rechte Tochter von LK gilt.

(< A) wird dann wahr, wenn A für die linke Schwester von LK gilt.

(> A) wird dann wahr, wenn A für die rechte Schwester von LK gilt.

(? n A) Wird dann wahr, wenn A für den Wert des n-ten Feldes der Variablenliste (V[n]) gilt.

(:l n A) wird dann wahr, wenn LK eine Tochter hat, für die A gilt. V[n] wird auf die erste Tochter von links von LK gesetzt, für die A gilt.

(:r n A) wird dann wahr, wenn LK eine Tochter hat, für die A gilt. V[n] wird auf die erste Tochter von rechts von LK gesetzt, für die A gilt.

(:< n A) wird dann wahr, wenn LK eine Schwester zur Linken hat, für die A gilt. V[n] wird auf die erste Schwester von LK gesetzt, für die A gilt.

(:> n A) wird dann wahr, wenn LK eine Schwester zur Rechten hat, für die A gilt. V[n] wird auf die erste Schwester von LK gesetzt, für die A gilt.

(e K) ist dann wahr, wenn die Wortform aus LK auf K endet.

(= n m) ist dann wahr, wenn V[n] und V[m] den gleichen Wert haben.

(. n m) ist dann wahr, wenn V[n] und V[m] die gleiche Rolle spielen.

(# K n) Ist dann wahr, wenn die Funktion K mit einer Offseterhöhung um n wahr ist.[15]

2. Aktionen

(t)

(p K) LK erhält das Merkmal K.

(d K) Hat LK das Merkmal K, so wird es gelöscht.

(s K) Die Rolle des laufenden Knotens wird auf den Wert von K gesetzt.

(! n) Weist dem n-ten Feld der Variablenliste (V[n]) den Wert von LK zu.

(0 n) Der n-te Knoten der Variablenliste wird getilgt.

(* n) Ein neuer Knoten wird erzeugt und in V[n] gespeichert.

(+l n m) Der Knoten aus V[n] wird dem Knoten aus V[m] als linkeste Tochter adjungiert.

(+r n m) Der Knoten aus V[n] wird dem Knoten aus V[m] als rechteste Tochter adjungiert.

(+< n m) Der Knoten aus V[n] wird dem Knoten aus V[m] als linke Schwester adjungiert.

(+> n m) Der Knoten aus V[n] wird dem Knoten aus V[m] als rechte Schwester adjungiert.

(/ n) Der Knoten aus V[n] wird "geprunt".

(a K) Konkateniert die Wortform W von LK mit K.

(w K) Setzt die Wortform W von LK auf K.

------

15 zum Offset siehe Abschnitt 2.2.1.3.6.

2.2 Die Übersetzungsschritte

Dieses Kapitel beschreibt den Ablauf der Übersetzung. Bevor ich auf die einzelnen Schritte gesondert eingehe, gebe ich einen kurzen Überblick über die Interaktion der einzelnen Komponenten. Das System enthält folgende aufeinander aufbauende Phasen:

(2.15) Analyse der Quellsprache
- -lexikalische Analyse
- -morphologische Analyse
- -syntaktische Analyse

Transformationsteil I
Lexikalischer Transfer
Transformationsteil II
morphologische Synthese

Die morphologische und syntaktische Analyse, die Transformationsteile und die morphologische Synthese werden durch Grammatiken, die in BMS formuliert sind, geregelt.

(2.16)

```
                      _________
                     /        /
                    /  INPUT /
                   /________/
                       |
     __________________|__________________
    |                                     |
    | lexikalische Analyse-------------- LEXIKON
    |_________________________________|
    |                                 |
    | morphologische Analyse------------ QUELLMORPH
    |_________________________________|
    |                                 |
    | syntaktische Analyse-------------- ANALYSEGRAMM
    |_________________________________|
    |                                 |
    | TransformationsteilI------------- TRANSFORMATION1
    |_________________________________|
    |                                 |
    | Lexikalischer Transfer----------- LEXIKON
    |_________________________________|
    |                                 |
    | Transformationsteil II----------- TRANSFORMATION2
    |_________________________________|
    |                                 |
    | morphologische Synthese---------- ZIELMORPH
    |_________________________________|
```

Das System ist durch ein enheitliches Regelformat in allen Phasen gekennzeichnet.

2.2.1 Die Analyse der Quellsprache

Die Analyse der Quellsprache wird hauptsächlich durch die Analysegrammatik geregelt. Der eingegebene quellsprachliche Ausdruck wird zunächst textuell gespeichert und dann auf Verlangen der Analysegrammatik Wort für Wort abgearbeitet. Jedes Wort wird dabei zunächst lexikalisch und morphologisch analysiert.

2.2.1.1 Die Suche im Lexikon

Ohne genauer auf den internen Aufbau des Lexikons einzugehen, soll hier beschrieben werden, wie ein neu hinzukommendes Wort behandelt wird.

Für jedes neue Wort x wird zunächst ein Teilbaum <x,{},zero> (<*,{*},KERN>) gebildet. Die Wortform x wird dann mit den Lexikoneinträgen verglichen und die längste übereinstimmende Kette x_1 wird als vorläufiges Ergebnis festgehalten.

Ist x nicht morphologisch verändert, so gilt daß $x = x_1$. In diesem Fall sind die lexikalische und die morphologische Analyse beendet, und die Merkmale von x_1 werden in den Knoten <x,{},zero> übertragen. Weiterhin erhält der Knoten einen Vermerk über die entsprechende(n) zielsprachliche(n) Form(en).

Ist x_1 kürzer als x, so werden ebenfalls die Merkmale übertragen und der restliche Teil von x wird in der Variablen REST gespeichert. Auf den Inhalt dieser Variablen greift die oben beschriebene BMS-Funktion (e K) zu.

2.2.1.2 Morphologische Analyse der Quellsprache

Nun wird die Grammatik QUELLMORPH evaluiert. Ergibt sie den Wert wahr, dann gilt die Wortform als gefunden, sonst gilt die Wortform als nicht gefunden und der Benutzer wird aufgefordert, die notwendige Information einzugeben.

2.2.1.2.1 Ein Beispiel

Wir nehmen an, unser Lexikon enthielte nur einen einzigen Eintrag:

```
(2.17)   (((w voiture)(f noun,konkr,fem))
         ((w wagen)(f noun,konkr,mask,g-s)))
```

Bei Eingabe des Wortes voiture ist dann die Lexikonsuche erfolgreich, und es entsteht der Baum

```
(2.18)        <voiture,{noun,konkr,fem},zero>
                          :
                          :
              <*,{*},KERN>
```

Bei Eingabe des Wortes voitures entsteht zunächst der Baum

```
(2.19)        <voitures,{noun,konkr,fem},zero>
                          :
                          :
              <*,{*},KERN>
```

und die Form gilt als nicht gefunden. Nun wird QUELLMORPH evaluiert. Nehmen wir der Einfachheit halber an, QUELLMORPH enthalte nur folgenden Ausdruck

```
(2.20)   (u (e s)
            (p *pl)),
```

den man verstehen kann als Anweisung: "Wenn die Wortform des laufenden Knotens auf s endet, dann füge der Merkmalmenge des laufenden Knotens das Merkmal '*pl' hinzu".

Da QUELLMORPH in diesem Fall den Wert wahr ergibt, ist die Lexikonsuche erfolgreich und der Baum

```
(2.21)      <voitures,{noun,konkr,fem,*pl},KERN>
                          :
                          :
              <*,{*},KERN>
```

wird gebildet.

2.2.1.3 Syntaktische Analyse der Quellsprache

Die syntaktische Analyse der Quellsprache ist der wichtigste Teil des gesamten Systems. Der Analysealgorithmus basiert auf dem deterministischen Parser von Marcus (1978). Den Kern des Algorithmus bildet ein 50 Zellen großer verdichtender Arbeitsspeicher[16] mit direktem Zugriff. Man unterscheidet im allgemeinen zwei Arten von Speichern: Speicher mit sequentiellem Zugriff und Speicher mit direktem Zugriff (eg. random acces buffer). Bei Speichern mit direktem Zugriff kann im Gegensatz zu sequentiellen Speichern auf jede Zelle des Speichers direkt - durch Angabe ihrer Position im Speicher - zugegriffen werden. Sequentielle Speicher erlauben direkten Zugriff entweder nur zur ersten oder nur zur letzten Zelle des Speichers[17].

------

16 Der Begriff verdichtender Arbeitsspeicher ist der Versuch einer Eindeutschung des von Marcus eingeführten Begriffs compacting buffer.

17 Dieser Speicher ist identisch mit der in 2.1.2.1.2 vorgestellten Variablenliste.

2.2.1.3.1 Der verdichtende Arbeitsspeicher mit direktem Zugriff

Jede Zelle des Speichers kann entweder leer oder (mit einer Konstituente) besetzt sein. Die Operationen auf dem Speicher sind allerdings so angelegt, daß alle besetzten Zellen benachbart sind und mit der ersten Zelle beginnen, sodaß gilt: Ist die Zelle x[n] besetzt, so sind auch die Zellen x[i] ($1 \leq i < n$) besetzt. Daher gibt es immer eine besondere Zelle, x[max], die die letzte besetzte Zelle ist. Wegen dieser Eigenschaft nennt Marcus den Speicher einen "verdichtenden Speicher".

Ein typisches Bild des Speichers zu irgendeinem Zustand ist etwa folgendes:

(2.22)

b	b	b	l	l	l	....	l
1	2	3	4	5	6		50

(b = besetzt, l = leer)

Die dritte Zelle ist die letzte besetzte Zelle, sodaß max=3. Marcus definiert auf diesem Speicher die drei grundlegenden Operationen

Read(i): Return the item in cell x[i].

Delete(i): Delete the item in cell x[i] and then shift the contents of the cells to the right of x[i] to fill the "gap".

Insert(w,i): Insert the item w into cell x[i] after shifting left to create a "gap" in the buffer.

(S.57)

von denen ich in meinem System nur die Operationen "Read" und "Delete" benötige. Die folgenden Beispiele dienen zur Illustration der beiden Funktionen.

Nehmen wir an, die ersten vier Zellen enthalten die Ausdrükke a1 bis a4, die restlichen Zellen seien leer:

(2.23)

a1	a2	a3	a4	l	l	....	l
1	2	3	4	5	6		50

Dann liefert Read(2) den Wert a2, read(1) den Wert a1 etc. Der Aufruf der Operation Delete(2) führt zu folgender Speicherkonstellation:

(2.24)

a1	a3	a4	l	l	l	....	l
1	2	3	4	5	6		50

Ein nochmaliger Aufruf von Read(2) liefert nun den Wert a3.

2.2.1.3.2 Interaktion des Arbeitsspeichers mit der Inputliste

Im Gegensatz zu dem Arbeitsspeicher, der einen direkten Zugriff auf die n-te Speicherzelle erlaubt, ist die Inputliste ein sequentieller Speicher. Nur das erste Element der Inputliste ist zugänglich. Wenn es gelesen wird, wird es gleichzeitig aus der Inputliste entfernt, sodaß nun das zweite Element an erster Stelle steht. Dies geschieht durch die Funktion "Read-input". Sei z.B. die Inputliste <u>a1</u> <u>a2</u> <u>a3</u> <u>a4</u> <u>a5</u> gegeben, so liefert die Funktion Read-input zunächst den Wert <u>a1</u>, ein nochmaliger Aufruf von Read-input liefert den Wert <u>a2</u> etc.

Erfolgt nun ein Aufruf von Read(i) mit i > max, d.h. wird auf eine leere Zelle des Arbeitsspeichers zugegriffen, so wird der Arbeitsspeicher so lange aus der Inputliste aufgefüllt, bis max = i ist. Folgendes Beispiel mag dies illustrieren.

(2.25) Inputliste: a1 a2 a3 a4 a5 a6 a8 a9

Arbeitsspeicher:

1	1	1	1	1	1	....	1
1	2	3	4	5	6		50

d.h. der Arbeitsspeicher ist leer, max = 0.

Nach dem Aufruf von Read(1) ergibt sich folgende Konstellation:

(2.26) Inputliste: a2 a3 a4 a5 a6 a8 a9

Arbeitsspeicher:

a1	1	1	1	1	1	....	1
1	2	3	4	5	6		50

d.h. die erste Zelle des Arbeitsspeichers enthält das erste Element der Inputliste, max = 1.

Nach Read(4) ergibt sich folgender Zustand:

(2.27) Inputliste: a5 a6 a8 a9

Arbeitsspeicher:

a1	a2	a3	a4	1	1	....	1
1	2	3	4	5	6		50

d.h. die ersten 4 Zellen des Arbeitsspeichers enthalten die ersten vier Elemente der Inputliste, max = 4.

Nach zweimaligen Aufruf von Delete(2) ergibt sich:

(2.28) Inputliste: a5 a6 a8 a9

Arbeitsspeicher:

a1	a4	1	1	1	1	....	1
1	2	3	4	5	6		50

max = 2

So weit haben wir die Funktionsweise des Arbeitsspeichers in abstrakter Form dargestellt. Wir müssen nun zeigen, wie der Arbeitsspeicher mit den Funktionen aus BMS interagiert.

2.2.1.3.3 Interaktion des Arbeitsspeichers mit BMS-Funktionen

Die der Read-Operation entsprechende BMS-Funktion ist die Funktion (? n a). Die Evaluation des Ausdrucks "(? n" bewirkt einen Zugriff auf die n-te Zelle des Arbeitsspeichers. Ist die n-te Zelle leer, so wird nach oben beschriebenem Algorithmus solange Input eingelesen, bis entweder die n-te Zelle besetzt ist oder die Inputliste leer ist[18]. Im ersten Fall ist der Wert von (? n a) gleich a, im zweiten Fall ist sein Wert "falsch" und die Auswertung von a unterbleibt.

Ein Aufruf der Delete-Operation wird von verschiedenen BMS-Funktionen bewirkt. Das genaue Pendant zu Delete(n) ist (0 n): das n-te Element wird getilgt und der Arbeitsspeicher verdichtet. Ist n > max, so wird zunächst solange Input eingelesen, bis die n-te Zelle besetzt ist. Daraufhin wird die n-te Zelle geleert und max um 1 verringert.

Die Delete-Operation wird ferner von den beiden im Parsing-Modus zulässigen Adjunktionsoperationen (+l m n) und (+r m n) aufgerufen. Wenn der Inhalt der m-ten Zelle dem Knoten in der n-ten Zelle tochteradjungiert wird, erfolgt der Aufruf von Delete(m). Zur Illustration betrachten wir folgende Grammatik, die eine fünf Elemente lange Inputliste so strukturiert, daß das erste Element das zweite regiert, das dritte Element getilgt wird und das vierte Element das erste und fünfte regiert.

------

18 Ein Zugriff auf die n-te Speicherzelle führt nicht zur Auffüllung des Speichers, wenn n > 40.

```
(2.29)                                  (0)
          (u (+r 2 1)                   (1)
             (u (0 2)                   (2)
                (u (+l 1 2)             (3)
                   (+r 2 1))))          (4)
```

Die folgenden Darstellungen zeigen den Inhalt der Speicher zu den Zeitpunkten (0) bis (4).

(2.30) <u>Zeitpunkt</u> <u>0:</u>

Inputliste: a1 a2 a3 a4 a5
Speicher:
1: leer
2: leer
3: leer
4: leer
.
.
50: leer

max = 0.

<u>Zeitpunkt</u> <u>1:</u>

Inputliste: a3 a4 a5
Speicher:
1: a1(a2)
2: leer
.
.
50: leer
max = 1.

<u>Zeitpunkt</u> <u>2:</u>

Inputliste: a4 a5
Speicher:
1: a1(a2)
2: leer
.
.
50: leer

max = 1

<u>Zeitpunkt</u> <u>3</u>

Inputliste: a5
Speicher:
1: a4(a1(a2))
2: leer
.
.
50: leer

max = 1

Zeitpunkt 4

Inputliste: leer
Speicher:
1: a4(a1(a2)a5)
2: leer
.
.
50: leer

max = 1

2.2.1.3.4 Die Interaktion des Arbeitsspeichers mit der lexikalischen und morphologischen Analyse

Die in den vorigen Abschnitten angenommenen Inputelemente a1, a2 etc. müssen nun noch näher spezifiziert werden. Es handelt sich bei diesen Elementen um Teilbäume, wie sie in den Abschnitten 2.2.1.1 und 2.2.1.2 beschrieben wurden. Die Funktion Read-input ermittelt das nächste Wort aus dem Eingabetext, reicht es an die Lexikonkomponente weiter und erhält als Wert den höchsten Knoten des von der Lexikonkomponente gebildeten Teilbaums x(*).

Ein weiterer Effekt der Funktion Read-input ist, daß ein neu gebildeter Knoten nicht nur an den Arbeitsspeicher geliefert wird, sondern gleichzeitig auch dem Inputknoten (INP) als rechte Tochter adjungiert wird. Dieser Inputknoten wird vom System erzeugt und kann von den Grammatikregeln nicht erreicht werden. Er ist stets der höchste regierende Knoten des zu übersetzenden Ausdrucks. Daher gilt, daß alle im Arbeitsspeicher befindlichen Knoten Töchter von INP und damit Schwesterknoten sind, sodaß die BMS-Funktionen (< a) und (> a), sowie (:< n a) und (:> n a) definiert sind. Der Inhalt der n-ten Speicherzelle kann also nicht nur durch (? n a) sondern auch durch (? n-1 (> a)) oder (? n+1 (< a)) erreicht werden. Ein Unterschied ergibt sich allerdings in dem Fall, daß n = max+1. Während (? n a) veranlaßt, daß das nächste Wort in die n-te Zelle gelesen wird, ergibt (? n-1 (> a)) den Wert "falsch", da der letzte Knoten des Speichers keine rechte Schwester hat.

2.2.1.3.5 Analyse eines einfachen Satzes

Als Beispiel zeige ich nun, wie die Analyse eines einfachen Satzes wie *les petits ruisseaux font les grandes rivières* vor sich geht. Hierzu nehmen wir das Lexikon (2.31), die morphologische Grammatik (2.32) und die Analysegrammatik (2.33) an[19].

```
(2.31)  ((w le)(f det))
        ((w petit)(f adj))
        ((w ruisseau)(f noun))
        ((w font)(f verb))
        ((w grand)(f adj))
        ((w rivière)(f noun))

(2.32)  (o (u (o (e s)
                 (e x))
              (p *pl))
           (u (e es)
              (u (f adj)
                 (u (p fem)
                    (p *pl)))))

(2.33)  (u (? 1 (f det))                                         (1)
           (u (o (u (? 2 (f adj))                                (2)
                    (u (? 3 (f noun))                            (3)
                       (+l 2 3)))                                (4)
                 (? 2 (f noun)))                                 (5)
              (u (+l 1 2)                                        (6)
                 (u (? 2 (f verb))                               (7)
                    (u (+l 1 2 )                                 (8)
                       (u (? 2 (f det))                          (9)
                          (u (o (u (? 3 (f adj))                (10)
                                   (u (? 4 (f noun))            (11)
                                      (+l 3 4)))                (12)
                                (? 3 (f noun)))                 (13)
                             (u (+l 2 3)                        (14)
                                (+r 2 1))))))))))               (15)
```

(2.32) erlaubt die Pluralbildung durch die Endungen s und x sowie die Markierung von "Plural-femininum" bei Adjektiven durch die Endung es.

(2.33) akzeptiert Sätze mit definiter Nominalgruppe als Subjekt und Objekt, wobei die Nomen fakultativ durch ein vorangestelltes Adjektiv modifiziert werden können.

Im folgenden sind die Zustände der Speicher und die Struktur von INP zu den Zeitpunken (0) bis (15) aus (2.33) dargestellt.

(2.34) Zeitpunkt: 0
Inputliste: les petits ruisseaux font les grandes rivières

Zelle 1:
Zelle 2:

INP:

------

19 Alle Komponenten sind stark vereinfacht. Da noch nicht übersetzt werden soll, verzichten wir auf die Angabe der Zieleinträge.

Zeitpunkt: 1
Inputliste: petits ruisseaux font les grandes rivières

Zelle 1: les(*)
Zelle 2:

INP: INP(les(*))

Zeitpunkt: 2
Inputliste: ruisseaux font les grandes rivières

Zelle 1: les(*)
Zelle 2: petits(*)

INP: INP(les(*) petits(*))

Zeitpunkt: 3
Inputliste: font les grandes rivières

Zelle 1: les(*)
Zelle 2: petits(*)
Zelle 3: ruisseaux(*)

INP: INP(les(*) petits(*) ruisseaux(*))

Zeitpunkt: 4
Inputliste: font les grandes rivières

Zelle 1: les(*)
Zelle 2: ruisseaux (petits(*) *)

INP: INP(les(*) ruisseaux(petits(*) *))

Zeitpunkt: 6
Inputliste: font les grandes rivières

Zelle 1: ruisseaux (les(*) petits(*) *)
Zelle 2:

INP: INP(ruisseaux (les (*) petits (*) *))

Zeitpunkt: 7
Inputliste: les grandes rivières

Zelle 1: ruisseaux (les(*) petits(*) *)
Zelle 2: font (*)

INP: INP(ruisseaux (les (*) petits (*) *) font (*))

<u>Zeitpunkt:</u> 8
<u>Inputliste:</u> les grandes rivières

<u>Zelle</u> <u>1:</u> font (ruisseaux (les(*) petits(*) *) *)
<u>Zelle</u> <u>2:</u>

<u>INP:</u> INP(font (ruisseaux (les (*) petits (*) *) (*) *))

<u>Zeitpunkt:</u> 9
<u>Inputliste:</u> grandes rivières

<u>Zelle</u> <u>1:</u> font (ruisseaux (les(*) petits(*) *) *)
<u>Zelle</u> <u>2:</u> les(*)

<u>INP:</u> INP(font (ruisseaux (les (*) petits (*) *) (*) *) les(*))

<u>Zeitpunkt:</u> 10
<u>Inputliste:</u> rivières

<u>Zelle</u> <u>1:</u> font (ruisseaux (les(*) petits(*) *) *)
<u>Zelle</u> <u>2:</u> les(*)
<u>Zelle</u> <u>3:</u> grandes(*)

<u>INP:</u> INP(font (ruisseaux (les (*) petits (*) *) (*) *) les(*) grandes(*))

<u>Zeitpunkt:</u> 11
<u>Inputliste:</u>

<u>Zelle</u> <u>1:</u> font (ruisseaux (les(*) petits(*) *) *)
<u>Zelle</u> <u>2:</u> les(*)
<u>Zelle</u> <u>3:</u> grandes(*)
<u>Zelle</u> <u>4:</u> rivières(*)

<u>INP:</u> INP(font (ruisseaux (les (*) petits (*) *) (*) *) les(*) grandes(*) rivières (*))

<u>Zeitpunkt:</u> 12
<u>Inputliste:</u>

<u>Zelle</u> <u>1:</u> font (ruisseaux (les(*) petits(*) *) *)
<u>Zelle</u> <u>2:</u> les(*)
<u>Zelle</u> <u>3:</u> rivières (grandes(*) *)

<u>INP:</u> INP(font (ruisseaux (les (*) petits (*) *) (*) *) les(*) rivières (grandes (*) *))

Zeitpunkt: 14
Inputliste:

Zelle 1: font (ruisseaux (les(*) petits(*) *) *)
Zelle 2: rivières (les (*) grandes(*) *)

INP: INP(font (ruisseaux (les (*) petits (*) *) (*) *)
rivières (les (*)grandes (*) *))

Zeitpunkt: 15
Inputliste:

Zelle 1: font (ruisseaux (les (*) petits (*) *) rivières (les (*) grandes (*) *) *)

INP: INP font (ruisseaux (les (*) petits (*) *) rivières (les (*) grandes (*) *) *)

(2.33) ist insofern eine unnatürliche Grammatik, als sie die Generalisierung, daß Nominalgruppen sowohl in Subjekt- als auch in Objektposition vorkommen, unberücksichtigt läßt. Die Zeilen (1) bis (6) und (9) bis (14) sind bis auf die Adressen der Zellen völlig identisch. Um diesen Generalisierungen gerecht zu werden, können in BMS Funktionen definiert werden. Die Zeilen (1) bis (6) und (9) bis (14) können in der Funktion

```
(2.36)    # NP (u (? 1 (f det))
              (u (o (u (? 2 (f adj))
                       (u (? 3 (f noun))
                          (+l 2 3)))
                    (? 2 (f noun)))
                 (+l 1 2)))
```

zusammengefaßt werden. Die Funktion NP kann dann in der Grammatik benutzt werden:

```
(2.36)    (u (# NP)
             (u (? 2 (f verb))
                (u (+l 1 2)
                   (u (# NP)
                      (+r 2 1)))))
```

Hierbei ist allerdings noch zu klären, wie der Tatsache, daß die Subjekt-NP in der ersten Zelle, die Objekt-NP aber in der zweiten Zelle beginnt, Rechnung getragen werden kann. Das System benutzt hierzu die Einrichtung eines "offset", den Marcus für seine "attention shifting rules" benutzt, allerdings hier in einer völlig anderen Weise als in Marcus' PARSIFAL.

2.2.1.3.6 Der Arbeitsspeicher mit Offset

In einem vedichtenden Arbeitsspeicher mit offset wird durch einen Aufruf der Operationen Read(i) und Delete(i) nicht auf die i-te Zelle zugegriffen, sondern auf die Zelle x[i+offset]. Der offset ist zu Beginn der Analyse gleich 0. Bei Aufruf einer BMS-Funktion kann er beliebig vergrößert werden, nach Verarbeitung der Funktion nimmt er seinen vorherigen Wert an. Die Grammatik (2.36) kann nun folgendermaßen formuliert werden:

```
(2.37)    (u (# NP 0)
             (u (? 2 (f verb))
                (u (+1 1 2)
                   (u (# NP 1)
                      (+r 2 1)))))
```

wobei die unterstrichenen Ziffern den offset angeben. Bei der Analyse der Objekt-NP ist also der offset = 1, sodaß z.B. durch "(? 1 (f det))" nicht die Zelle x[1] sondern die Zelle x[1+1] (= x[2]) angesprochen wird.

2.2.1.4 Der erste Transformationsteil

Nach Beendigung der Analyse liegt ein Dependenzbaum in der in Abschnitt 2.1.1.1 beschriebenen Form vor, dessen Wurzel der INP-Knoten ist. Dieser Baum wird nach der Grammatik TRANSFORMATION1 verändert. Dies geschieht, indem der BMS-Ausdruck in TRANSFORMATION1 auf jedem Knoten des Baums evaluiert wird. Der Prozeß beginnt mit dem am tiefsten eingebetteten rechtesten Knoten und schreitet dann von rechts nach links und von unten nach oben voran:

(2.38)

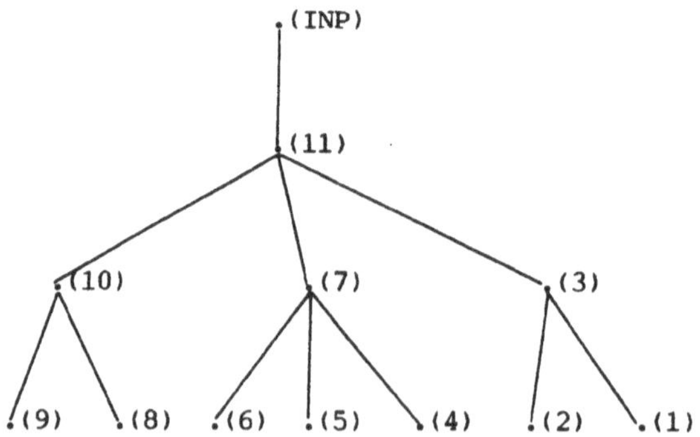

Veränderungen oder Bewegungen der Knoten durch Grammatikregeln beeinflussen diesen Ablauf im allgemeinen nicht, allerdings werden Knoten, die von einer Regel nach links bewegt werden, ein weiteres Mal bearbeitet.

Der erste Transformationsteil hat die Aufgabe, so etwas wie eine Tiefenstruktur oder Normalform herzustellen.

2.2.2 Erzeugung der Zielsprache

2.2.2.1 Der Austausch der Lexeme

Nachdem eine Art Tiefenstruktur des Quelltextes hergestellt wurde, werden die quellsprachlichen Lexeme in der im vorigen Abschnitt beschriebenen Reihenfolge durch die im Lexikon angegebenen Lexeme der Zielsprache ersetzt. Die Ersetzung erstreckt sich auf die Wortform und die Merkmalmenge der Knoten.

Hat ein Quellexem mehrere Ziellexeme, muß ermittelt werden, welches dieser Ziellexeme am besten in den jeweiligen Kontext paßt. Hierzu werden die Zieleinträge in der im Lexikon notierten Reihenfolge solange abgearbeitet, bis der BMS-Ausdruck eines Eintrags (siehe 2.1.1.2.2 oben) den Wert "wahr" liefert. Dieser Eintrag ist dann der im gegebenen Kontext adäquate. Gibt es keinen Eintrag, dessen BMS-Ausdruck wahr wird, wird standardmäßig der erste Zieleintrag übernommen.

Die Möglichkeit, BMS-Ausdrücke in Lexikoneinträgen zu formulieren, erlaubt nicht nur eine leichte Behandlung polysemer Lexeme, sondern auch einzelne Teile der Grammatik an das Lexikon zu delegieren, was sich besonders bei idiosynkratischen Regeln, die etwa zur Übersetzung idiomatischer Wendungen benötigt werden, anbietet. Aber auch andere Fälle, z.B. die Übersetzung von <u>plus</u> in Komparativkonstruktionen, kann in einer solchen "Lexikonregel" formuliert werden. Die Regel (2.39) ist ja tatsächlich an das Auftreten von <u>plus</u> gebunden, kein anderes frz. Lexem bewirkt die deutsche Komparativform.

(2.39) <u>plus</u> wird getilgt, wenn es von einem Adjektiv oder oder Adverb regiert wird. Das Adjektiv bzw. Adverb erhält das Merkmal '*komp'.

Eine mögliche Formulierung des Lexikoneintrags von <u>plus</u> ist z.B.

```
(2.40)   (((w plus)(f adv))
         ((w mehr)(f adv)(c (u (m (u (o (f adj)
                                         (f adv))
                                      (p *komp)))
                              (u (! 1)
                                 (0 1))) )))
```

(Wenn die Mutter von plus die Merkmale "adj" oder "adv" hat, dann gib ihnen das Merkmal "*komp" und speichere den laufenden Knoten (plus) in Zelle 1 und tilge dann Zelle 1, d.h. tilge plus.)

Die Möglichkeit, strukturverändernde Aktionen in das Lexikon zu verlegen, unterscheidet das vorliegende System von allen anderen mir bekannten Übersetzungssystemen.

2.2.2.2 Der zweite Transformationsteil

Zwischen dem ersten und dem zweiten Transformationsteil besteht kein formaler Unterschied. Während der erste Teil dazu dient, eine Tiefenstruktur des Quellausdrucks herzustellen, dient der zweite dazu, die Tiefenstruktur in die Oberflächenstruktur der Zielsprache zu transformieren.

2.2.2.3 Erzeugung der Wortformen der Zielsprache

In einem letzten Durchgang wird bei jedem Knoten die Grammatik ZIELMORPH ausgewertet. Allerdings wird diesmal der Baum nicht von rechts nach links und von unten nach oben, sondern von oben nach unten und von links nach rechts abgearbeitet:

(2.41)

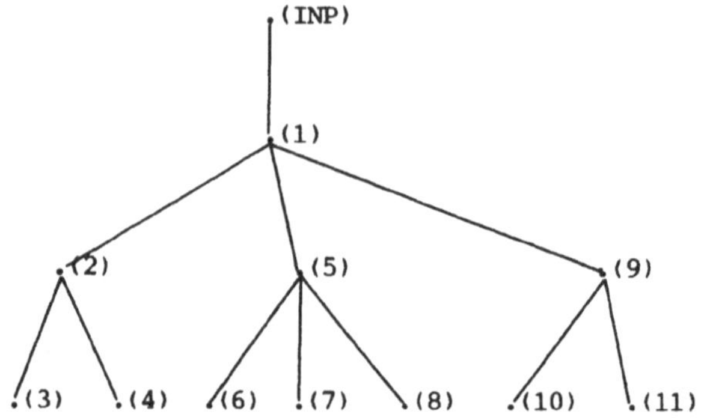

2.2.3 Übersetzung eines einfachen Satzes

Statt eine Zusammenfassung dieses Kapitels zu geben, möchte ich an dieser Stelle die einzelnen Schritte noch einmal an einem Beispiel illustrieren. Alle notwendigen Grammatiken zur Übersetzung der Sätze in (2.42) werden entwickelt und die Übersetzung von Satz (c) wird besprochen.

(2.42) a. les ruisseaux font les rivières.

b. les petits ruisseaux font les grandes rivières.

c. les petits ruisseaux français font les grandes rivières européennes.

Die Grammatik QUELLMORPH muß nur um die Endung <u>nes</u> von <u>européennes</u> erweitert werden:

(2.43)
```
(o (u (o (e s)
         (e x))
      (p *pl))
   (u (o (e es)
         (e nes))
      (u (f adj)
         (u (p fem)
            (p *pl)))))
```

Die Analysegrammatik muß auch nachgestellte Adjektive verarbeiten können. Dies geschieht (in diesem Beispiel) in der Funktion NP. Gleichzeitig sollen Determinantien die Rolle "det" und Adjektive die Rolle "modif" spielen.

(2.44)
```
# NP (u (? 1 (f det))
        (u (o (u (? 2 (u (f adj)
                         (s modif)))
                 (u (? 3 (f noun))
                    (+l 2 3)))
              (? 2 (f noun)))
           (u (u (+l 1 2)
                 (? 1 (s det)))
              (o (u (? 2 (u (f adj)
                            (s modif)))
                    (+r 2 1))
                 (t)))))
```

Die Analysegrammatik muß so verändert werden, daß die Subjekt-NP die Rolle "subj" und die Objekt-NP die Rolle "obj" erhält.

(2.45)
```
(u (# NP 0)
   (u (? 2 (f verb))
      (u (u (? 1 (s subj))
            (+l 1 2))
         (u (# NP 1)
            (u (? 2 (s obj))
               (+r 2 1))))))
```

Unser Satz erhält dann die Struktur (2.46):

```
(2.46)   INP zero:font  subj:ruisseaux  det:les[20]
                                        modif:petits
                                        KERN:
                                        modif:français
                        KERN:
                        obj:rivières  det:les
                                          modif:grandes
                                          KERN:
                                          modif:européennes
```

In diesem einfachen Beispiel sind keine Transformationsregeln für die Quellsprache notwendig, sodaß wir TRANSFORMATON1 leer lassen. Der Baum bleibt dann unverändert. Die Ersetzung der Lexeme ergibt den Baum

```
(2.47)   INP  zero:mach  subj:bach  det:d
                                    modif:klein
                                    KERN:
                                    modif:französisch
                         KERN:
                         obj:Fluss  det:d
                                    modif:groß
                                    KERN:
                                    modif:europäisch
```

Der zweite Transformationsteil hat nun verschiedene Aufgaben. Er muß (1) die nachgestellten Adjektive voranstellen und (2) den Oberflächenkasus der Substantive ermitteln.

Das nachgestellte Adjektiv muß dem Kern des Nominalsyntagmas unmittelbar vorangestellt werden: die kleinen französischen Bäche vs. *die französischen kleinen Bäche. Etwas formaler ausgedrückt, lautet die Regel: Wenn die Mutter des Adjektivs ein Substantiv ist, dann adjungiere das Adjektiv an den ersten Schwesterknoten zur linken, der die Rolle "KERN" spielt. Diese Regel läßt sich leicht in BMS formulieren:

```
(2.48)   (u (f adj)
            (u (m (f noun))
               (u (:< 1 (§ KERN))
                  (u (! 2)
                     (+< 2 1)))))
```

(Wenn der laufende Knoten das Merkmal "adj" hat und seine Mutter das Merkmal "noun", und es gibt eine Schwester zur linken, die die Rolle "KERN" spielt, dann speichere diese Schwester in der ersten Zelle der Variablenliste und speichere den laufenden Knoten in der zweiten Zelle der Variablenliste und adjungiere den Inhalt der zweiten Zelle als linke Schwester an den Inhalt der ersten Zelle!)

------

20 Dies ist eine andere Baumdarstellung. Das regierende Element steht jeweils links vom regierten, der Vorgänger über dem Nachfolger. Ein Knoten wird durch die Form "Rolle:Wort" dargestellt. In folgenden Darstellungen wird der KERN zuweilen ausgelassen.

Bei der Kasuszuweisung wollen wir der Einfachheit halber annehmen, daß eine Gruppe, die die Rolle "subj" spielt, den Nominativ und eine Gruppe, die die Rolle "obj" spielt, den Akkusativ bekommt:

```
(2.49)   (u (f noun)
            (o (u (§ subj)
                  (p nom))
               (u (§ obj)
                  (p akk))))
```

Nun müssen nur noch die beiden Regeln durch eine Oder-Verknüpfung miteinander verbunden werden:

```
(2.50)   (o (u (f adj)
               (u (m (f noun))
                  (u (:< 1 (§ KERN))
                     (u (! 2)
                        (+< 2 1)))))
            (u (f noun)
               (o (u (§ subj)
                     (p nom))
                  (u (§ obj)
                     (p akk)))) )
```

Nach Ablauf des zweiten Transformationsteils liegt folgender Baum vor:

```
(2.51)   INP  zero:mach  subj:bach  det:d
                                    modif:klein
                                    modif:französisch
                                    KERN:
                         KERN:
                         obj:Fluss  det:d
                                    modif:groß
                                    modif:europäisch
                                    KERN:
```

bach und fluss haben die Merkmale "nom" bzw. "akk". Die Regeln zur Transformation dieser Struktur in die deutsche Oberfläche müssen sich nun in ZIELMORPH befinden. Zunächst benötigen wir Regeln, die die Kasusmerkmale der Substantive in die Merkmalmenge der Determinantien und Adjektive kopieren. Die Regeln können wir in einer Funktion zusammenfassen:

```
(2.52)   # COPYCASE (o (u (m (f akk))
                          (p akk))
                       (o (u (m (f dat))
                             (p dat))
                          (o (u (m (f gen))
                                (p gen))
                             (p nom))))
```

(Wenn die Mutter des laufenden Knotens "akk" hat, dann setze "akk", oder, wenn die Mutter "dat" hat, dann setze "dat" , oder, wenn die Mutter "gen" hat, dann setze "gen", sonst setze "nom"!)

Weiterhin müssen die Endungen der Substantive, Adjektive und Determinantien erzeugt werden.

Bach und Fluß bilden jeweils den Plural durch Umlaut und e-Endung. Dies wird im Lexikon durch die Merkmale "p-uml" und "p-e" markiert. Die Regel, die die Endung erzeugt lautet[21]:

```
(2.53)    (u (f noun)
             (u (f *pl)
                (u (o (u (f p-uml)
                         (a "))
                      (t))
                   (o (u (f p-e)
                         (a e))
                      (t)))))
```

Die Endung der Artikel wird durch folgende Anweisung erzeugt:

```
(2.54)    (u (f art)
             (u (f def)
                (u (f *pl)
                   (u (o (f nom)
                         (f akk))
                      (a ie)))))
```

(Wenn der laufende Knoten das Merkmal "art" und das Merkmal "def" (= best. Artikel) und das Merkmal "*pl" und entweder das Merkmal "akk" oder das Merkmal "nom" hat, dann hänge ie an die Wortform!)

Adjektive werden entweder stark oder schwach flektiert. Sie werden dann schwach flektiert, wenn sie eine linke Schwester haben, die die schwache Flexion auslöst. Lexeme, die diese Eigenschaft haben, werden im Lexikon durch das Merkmal "schw" gekennzeichnet. Die Regel zur Erzeugung der Pluralendung lautet dann (stark vereinfacht):

```
(2.55)    (u (f adj)
             (u (m (f noun))
                (u (f *pl)
                   (o (u (:< 1 (f schw))
                         (a en))
                      (u (o (f akk)
                            (f nom))
                         (a e))))))
```

Wenn wir nun die letzen drei Regeln durch eine oder-Verknüpfung verketten und bei der "Det- und Adj-Regel" noch die Funktion CASECOPY aufrufen, dann erhalten wir die für unseren Beispielsatz benötigte Grammatik ZIELMORPH.

------

21 Diese Regel erzeugt die Formen bach"e bzw. fluss"e. Wir nehmen an, daß eine weitere phonologische (graphologische) Komponente den Umlaut auf den richtigen Laut (Buchstaben) plaziert.

```
(2.57)  (o (u (f noun)
              (u (f *pl)
                 (u (o (u (f p-uml)
                          (a "))
                       (t))
                    (o (u (f p-e)
                          (a e))
                       (t))))))

        (o (u (f art)
              (u (# CASECOPY 0)
                 (u (f def)
                    (u (f *pl)
                       (u (o (f nom)
                             (f akk))
                          (a ie)))))))

        (u (f adj)
           (u (m (f noun))
              (u (# CASECOPY 0)
                 (u (f *pl)
                    (o (u (:< 1 (f schw))
                          (a en))
                       (u (o (f akk)
                             (f nom))
                          (a e))))))) ))
```

Nach dem letzten Durchlauf erhalten wir schließlich die Übersetzung[22]:

(2.57) die kleinen französischen bach"e machen die grossen europäischen fluss"e.

------

22 Die in diesem Abschnitt entwickelten Grammatiken erheben keinesfalls den Anspruch, in irgendeiner Weise linguistisch motiviert zu sein. Sie dienen lediglich dazu, den Leser mit den einzelnen Schritten des Systems und mit den Formulierungen in BMS vertraut zu machen.

3. EINDEUTIGE UND MEHRDEUTIGE KETTEN

In diesem Kapitel werden verschiedene Algorithmen zur Analyse natürlicher Sprache besprochen. Die Algorithmen müssen den in Kapitel 1 beschriebenen Anforderungen genügen, die hier zur Erinnerung wiederholt werden:

1) Die Analyse verläuft von links nach rechts
2) Die Analyse verläuft deterministisch, d.h. ohne "Zurücksetzen"
3) Die Analyse liefert nur <u>eine</u>, und zwar die intendierte Strukturierung einer mehrdeutigen Kette
4) Die Analyse liefert für jede eingegebene Kette eine Struktur, ungeachtet deren Grammatikalität
5) Der Analysealgorithmus benutzt "Strategien"

Die zentrale Fragestellung für die prozedurale Betrachtung von natürlicher Sprache ist die der "Analysierbarkeit"[23]. Hiermit ist nicht die Möglichkeit gemeint, einer gegebenen Kette alle nach einer Grammatik möglichen Strukturen zuzuordnen, sondern die Möglichkeit, mit einem Algorithmus, der den oben beschriebenen Bedingungen genügt, einer Kette eine Struktur zuzuordnen. Hierbei stellt sich die Frage, ob es einen Algorithmus gibt, der für alle natürlichen Sprachen gültig ist, oder ob verschiedene Sprachen verschiedene Algorithmen verlangen. Gibt es z.B. einen Algorithmus, der besonders gut für die Analyse des Deutschen, nicht aber für die des Französischen geeignet ist, oder anders herum einen, der besonders gut französische Ketten analysiert, nicht aber deutsche oder chinesische Ketten? Wenn der Algorithmus "Strategien" benutzt, sind diese Strategien für alle Sprachen identisch? Um eine Antwort auf diese Fragen zu finden, ist es sinnvoll, natürliche Sprachen (hier Deutsch und Französisch) auf ihre Analysierbarkeit hin zu untersuchen. Dies erlaubt wesentlich genauere Aufschlüsse über den notwendigen Analysealgorithmus als eine Untersuchung der Strukturen einer Sprache. Da die Analysierbarkeit in verschiedenen Fällen von der Strukur abhängig ist, wird zunächst eine grobe Unterteilung von Sprachen nach den Strukturen

------

23 Neben der Frage der Analysierbarkeit steht natürlich die hier ausgeklammerte Frage der Synthetisierbarkeit.

vorgenommen.

Zur Darstellung der möglichen Strukturen bediene ich mich der von Hays (1964) und Gaifman (1965) entwickelten Dependenzgrammatik. Der von Hays entwickelte Formalismus wird um verschiedene Regelabkürzungskonventionen erweitert.

Eine Dependenzgrammatik ist eine Menge von Dependenzregeln. Dependenzregeln haben die allgemeine Form (Hays 1972:225):

(3.1) $X_i(X_{j1}, X_{j2}, \ldots, *, \ldots, X_{jn})$

wobei X_i das regierende Element und $X_{j1} \ldots X_{jn}$ abhängige Elemente sind. Der Stern gibt die Position an, die X_i einnimmt. In Anlehnung an die in Phrasenstrukturgrammatiken erlaubten Abkürzungskonventionen[24] legen wir folgende abkürzende Schreibweisen für Dependenzregeln fest:

(3.2) A(B,*) und A(C,*) können zu A(<B/C>,*) abgekürzt werden.

(3.3) A(B,*) und A(*) können zu A([B],*) zusammengefaßt werden.

(3.4) A(B,*), A(B,B,*), A(B,B,...B,*) können zu $A(B^*,*)$ zusammengefaßt werden.
X^* bezeichnet also ein bis unendlich viele Vorkommen von X.

(3.5) Ein Ausdruck [<.../...>] kann zu [.../...] vereinfacht werden.

Zunächst unterscheiden wir sprachliche Strukturen danach, ob die abhängigen Elemente links oder rechts des regierenden Elements stehen. Tesnière (1959:22ff.) nennt eine Struktur der Art X(Y,*) "montant" oder "centripète", eine Struktur der Art X(*,Y) "descendant" oder "centrifuge". Je nachdem, ob eine Sprache zentrifugale oder zentripetale Strukturen aufweist, unterscheidet er zwischen "langues centrifuges" und "langues centripètes". Weist eine Sprache beide Strukturtypen auf, nennt er sie "langue mitigée", überwiegt einer der beiden Strukturtypen in einer Sprache, nennt er sie "langue accusée" (s.24). Der Einfachheit halber wollen wir von L-Strukturen sprechen, wenn das regierende Element rechts steht (X(Y,*)), von R-Strukturen, wenn das regierende Element links steht (X(*,Y)) und von LR-Strukturen, wenn sowohl zur Linken als auch zur Rechten des regierenden Elements abhängige Elemente stehen (X(Y,*,Z)).

Ein von links nach rechts fortschreitender Parser baut im Idealfall L-Strukturen auf, indem er das erste Element einem folgenden als linke Tochter

---

24 vgl. hierzu z.B. Bach 1974:46ff.

adjungiert und R-Strukturen, indem er einem Element das oder die folgenden Elemente als rechte Tochter adjungiert. Allerdings ist dieser Idealfall nur selten gegeben; meist ergeben sich nach den syntaktischen Regeln strukturelle Mehrdeutigkeiten, sodaß die Analyse nur nach dem Vergleich mehrerer möglicher regierender Elemente weitergeht. Um festzustellen, welche Ambiguitäten ein Parser antreffen kann, empfiehlt es sich, die strukturellen Mehrdeutigkeiten zunächst zu klassifizieren und daraufhin Analysealgorithmen, die den einzelnen Typen von Ambiguitäten angemessen sind, zu entwerfen.

3.1 Typen von strukturellen Ambiguitäten

Generell liegt strukturelle Ambiguität vor, wenn ein Element nach den Regeln der Grammatik von verschiedenen Elementen regiert werden kann. Ein typisches Beispiel für einen ambigen Satz ist z.B. Karl erschlug den Mann mit der Aktentasche., in dem die Gruppe mit der Aktentasche entweder von Mann oder von erschlug regiert werden kann.

Mehrdeutige Ketten können danach unterschieden werden, ob sie in L- oder in R-Strukturen auftreten. Strukturelle Mehrdeutigkeit in R-Strukturen liegt immer dann vor, wenn es in der Grammatik eine Regelmenge der Art (3.6) gibt:

(3.6) a. $X_i(\ldots,*,\ldots,X_{j1},[X_k],\ldots)$
b. $X_{j1}(\ldots,*,\ldots,X_{j2},[X_k],\ldots)$
c. $X_{j2}(\ldots,*,\ldots,X_{jn},[X_k],\ldots)$
d. $X_{jn}(\ldots,*,[X_k],\ldots)$

Dies ist der typische Fall in französischen Verb- und Substantivkomplementen. Die frz. Grammatik enthält die Regeln

(3.7) a. V(...,*,N,[P],...)
b. P(*,N)
c. N(*,[P],...)

sodaß eine Kette V N P N eine der beiden Strukturen in (3.8) haben kann:

(3.8) a.

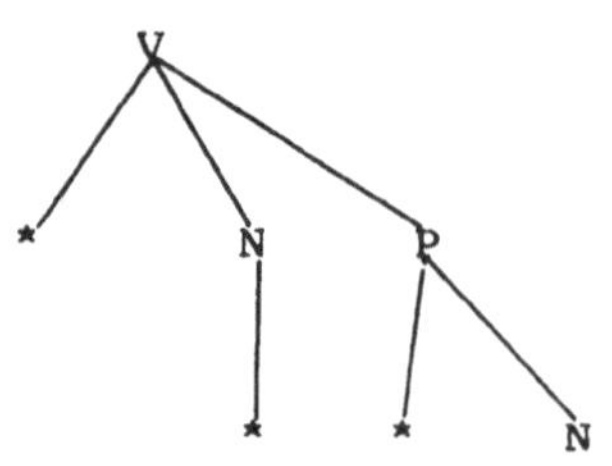

(mettre les livres sur la table)

b.

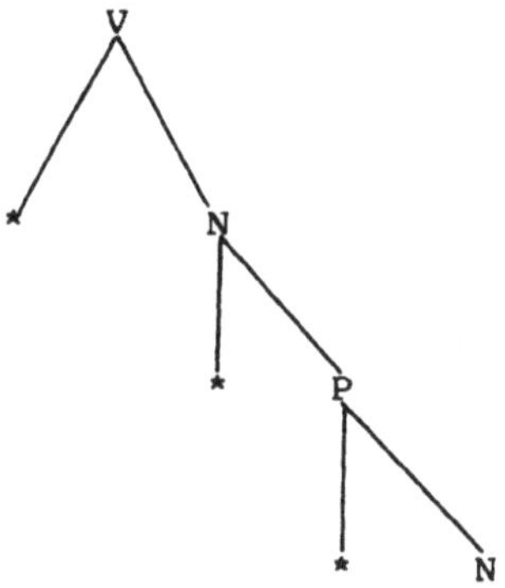

(lire les livres sur la grammaire)

Ambiguitäten dieser Art nennen wir R-Ambiguitäten. Das Gegenteil von R-Ambiguitäten bilden die L-Ambiguitäten, die z.B. im deutschen Kompositum auftreten. Sie liegen dann vor, wenn eine Grammatik folgende Regelmenge enthält:

(3.9) a. $X_i(\ldots[X_k],X_{j1},\ldots,*,\ldots)$
b. $X_{j1}(\ldots[X_k],X_{j2},\ldots,*,\ldots)$
c. $X_{j2}(\ldots[X_k],X_{jn},\ldots,*,\ldots)$
d. $X_{jn}(\ldots[X_k],*,\ldots)$

(3.10) a.

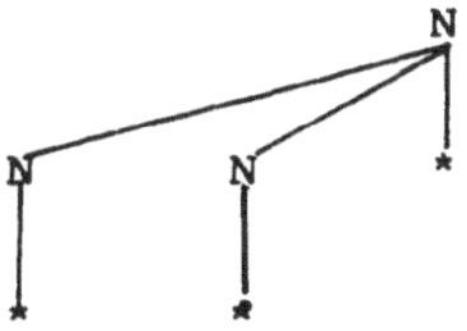

(Mädchen handels schule)

b.

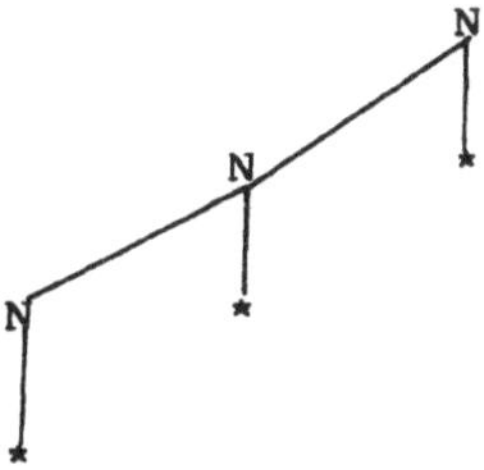

(Mädchen handels ring)

Im Satz sind L-Ambiguitäten in beiden Sprachen relativ selten und an Homonymien gebunden. Da das Verb im dt. Nebensatz an letzter Stelle steht und Substantive ohne Spezifizierer auftreten können , finden wir hier zuweilen eine Ambiguität bei Zahlen, die einmal als Quantor, ein anderes Mal als Jahreszahl aufgefaßt werden können. In

(3.11) weil die Engländer 1943 Angriffe auf Hamburg flogen

kann 1943 entweder von Angriffe oder von flogen regiert werden. Bildet man zu dem Nebensatz den entsprechenden Hauptsatz mit Verbszweitstellung

(3.12) Die Engländer flogen 1943 Angriffe auf Hamburg.

bleibt die Ambiguität bestehen. In diesem Fall liegt aber keine L-Ambiguität mehr vor, denn 1943 steht rechts von flogen. Auf der anderen Seite handelt es sich auch nicht um R-Ambiguität, denn 1943 steht links von Angriffe. Wie wir sehen, reicht es nicht, die strukturellen Mehrdeutigkeiten nur danach zu klassifizieren, ob sie in L- oder R-Strukturen auftreten. Vielmehr ist der Fall möglich, daß die eine mögliche Mutter links, die andere rechts des "verlorenen" Elements steht. In einem solchen Fall spreche ich von LR-Ambiguität. LR-Ambiguitäten können weiter unterschieden werden (1) in solche Fälle, in denen eine der beiden möglichen Mütter von der anderen (direkt oder indirekt) regiert[25] wird. Dies ist z.B. in (3.12) der Fall: Angriffe wird von flogen regiert. Bilden der regierende Knoten und der abhängige Knoten eine R-Struktur, spreche ich von einer LR*-Ambiguität, bilden sie eine L-Struktur, von einer *LR-Ambiguität. In (3.12) liegt also eine LR*-Ambiguität vor:

------

25 Ich benutzte die Begriffe "direkt" und "indirekt regieren" analog zu den aus den Phrasenstrukturgrammatiken bekannten Begriffen "direkt" und "indirekt dominieren".

(3.13)

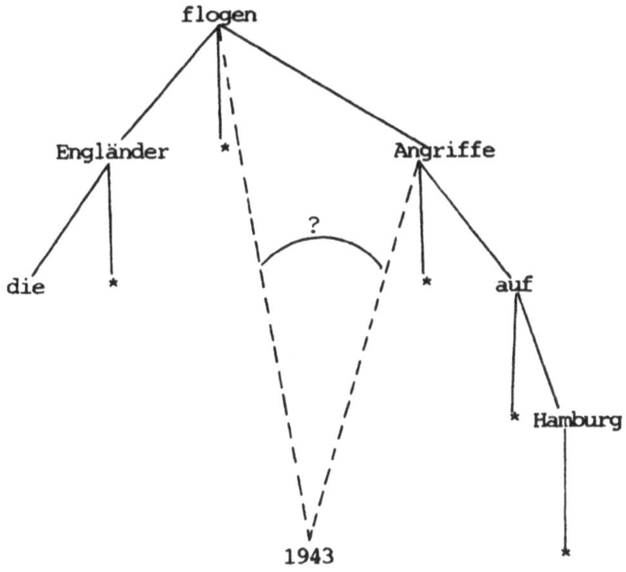

Eine *LR-Ambiguität findet sich häufig in dt. Nebensatzkonstruktionen. In <u>weil Karl den Mann mit der Aktentasche erschlug</u> besteht LR-Ambiguität bzgl. der Gruppe <u>mit der Aktentasche</u>, die entweder von <u>Mann</u> oder von <u>erschlug</u> regiert wird. Da <u>Mann</u> und <u>erschlug</u> eine L-Struktur bilden, handelt es sich um eine *LR-Ambiguität.

Ferner (2) sei noch der Fall der "reinen" LR-Ambiguität, der weder im Frz. noch im Dt. häufig anzutreffen ist, erwähnt. In

(3.14) Die Engländer flogen am 7. Februar 1943 Angriffe auf Hamburg.

kann <u>1943</u> entweder von <u>Februar</u> oder von <u>Angriffe</u> regiert werden, sodaß der Satz entweder die Lesart von (3.15) oder von (3.16) hat.

(3.15) Am 7. Februar flogen die Engländer 1943 Angriffe auf Hamburg

(3.16) Am 7. Februar 1943 flogen die Engländer Angriffe auf Hamburg.

<u>Angriffe</u> und <u>Februar</u> regieren aber einander nicht, sodaß weder *LR- noch LR*-Ambiguität vorliegt.

(3.17)

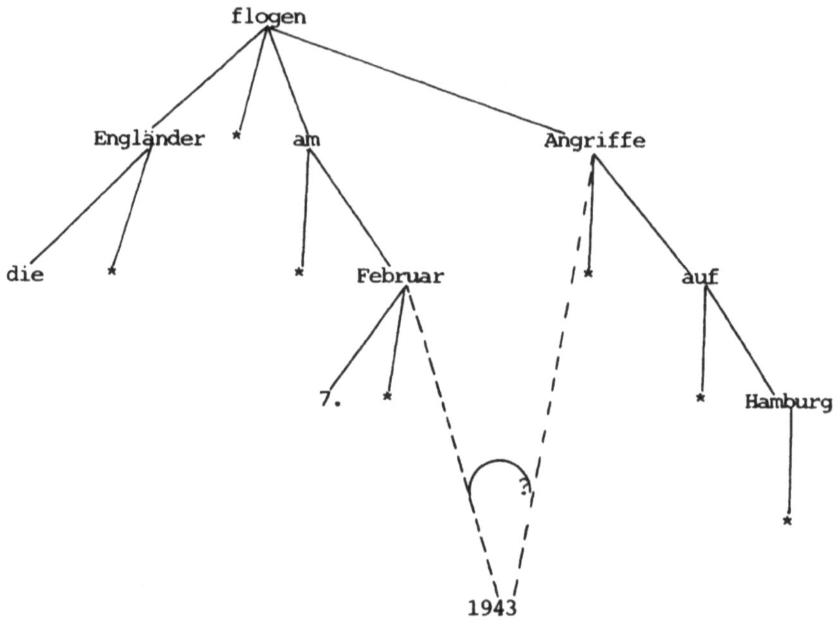

Die hier vorgenommene Klassifizierung der Ambiguitäten ist für die Entwicklung der Analysealgorithmen von Bedeutung. Da der Algorithmus nach den oben aufgeführten Bedingungen nicht zurücksetzen darf und von links nach rechts fortschreitet, muß er sich beim Auftreten einer Ambiguität für eine der möglichen Strukturierungen entscheiden. Dieser Entscheidungsprozeß ist aber, wie im folgenden gezeigt wird von der vorliegenden Ambiguität abhängig.

3.2 Klassifizierung von Algorithmen zur Analyse ambiger Ketten

Wenn wir von der Annahme ausgehen, daß der Parser eine ambige Kette, wenn überhaupt, durch Zugriff auf die in der bereits aufgebauten Struktur enthaltene Information lösen kann, dann ist es sicher eine gute Strategie, zunächst möglichst viel der nicht ambigen Ketten zu strukturieren. Der Parser muß daher "wissen", welche Strukturen ambig sind und welche nicht. Die erste Strategie zur Aufhebung von strukturellen Ambiguitäten lautet dann: "Hol soviel eindeutige Struktur, wie erhältlich ist!"

Z.B. ist es in den oben beschriebenen Beispielen möglich, die Artikel den entsprechenden Substantiven zu adjungieren (les livres, la table, la grammaire, die Engländer etc.). Im folgenden nehme ich diese Strukturierung jeweils an[26] und betrachte nur noch die ambigen Ketten, z.B. in Karl den Mann mit der Aktentasche erschlug die Kette Karl Mann mit Aktentasche erschlug.

In jeder ambigen Kette gibt es nun ein Element, für das es nach syntaktischen Kriterien mehrere mögliche regierende Elemente gibt. Ich nenne dieses Element den "verlorenen Sohn" (VS) und einen nach der Grammatik möglichen regierenden Knoten "mögliche Mutter" (MM) von VS. In (3.17) oben ist 1943 der VS und Februar und Angriffe sind MM. Zu jedem VS gibt es mindestens zwei MM. Ein Entscheidungsalgorithmus muß nun entscheiden, welche der MM die "bessere Mutter" für VS ist.

Bevor dieser Algorithmus entwickelt werden kann, ist zu klären, wie der Analysealgorithmus die MM feststellt. Hierzu betrachten wir zunächst Marcus' Ansatz zur deterministischen Analyse englischer NN...N-Komposita, den er im Appendix A seiner Arbeit (Marcus 1978:336ff.) skizziert, vor und überlegen, ob sich dieser Ansatz (in modifizierter Form) auf alle Typen von Ambiguitäten übertragen läßt. Dieser Algorithmus wird in 3.2.2 zu einem "Grenze-zurück"-Algorithmus modifiziert. In 3.2.3 wird ein für R-ambige Strukturen geeigneter Algorithmus vorgestellt, der nach einem anderen Prinzip arbeitet und für die Analyse von N-Komplementen gut geeignet ist.

3.2.1 Marcus' drei-Zellen-Hypothese

Marcus' Ansatz basiert auf zwei Grundannahmen,

> the first of which is that a semantic component can decide upon the relative "goodness" of two possible noun-noun modifier pairs.[...]
>
> The second assumption is that an arbitrarily long modifier string can be analysed by iteratively examining only the three leftmost nouns in the modifier string, i.e. that local decisions are sufficient to accurately determine the global structure of the modifier string. The diagnostic rule will operate by reducing the leftmost three nouns in a modifier string, N_1, N_2, and N_3, to a string of two nouns either by creating a new complex noun from N_1 and N_2 (which I will denote as $[N_1\ N_2]$) or from N_2 and N_3 (the complex noun $[N_2\ N_3]$). If there are at least three nouns remaining, including the newly formed complex noun, the diagnostic rule will be triggered again. Otherwise, an additional rule will construct the remaining two nouns into a complex noun if the resulting complex noun is semantically acceptable.
>
> (S.338f.)

------

26 eine detailliertere Analyse der (eindeutigen) frz. N-Spezifizierer findet sich in Abschnitt 4.2.

Syntaktisch haben $N_1N_2N_3...N_n$-Komposita nach Marcus (S.339) eine Neigung zu der Struktur $[...[[N_1\ N_2]\ N_3]...N_n]$, die aber durch semantische Bedingungen aufgehoben werden kann.

Marcus räumt selbst ein, daß solche semantischen Bedingungen nur schwer zu finden sind: "Because I know of no technique which can (sic) to answer the necessary semantic questions, this procedure has not been implemented". (S.337f.) Wir wollen daher diesen Aspekt vorerst vernachlässigen und unser Augenmerk auf seine zweite Grundannahme, daß jeweils nur die ersten drei N betrachtet und strukturiert werden müssen, lenken. Ein Kompositum wie water meter cover adjustment screw (Wasserzählerdeckelnachstellschraube) wird nach diesem Algorithmus in folgenden Schritten analysiert: (S.341)

(3.18) water / meter / cover
[water meter] / cover / adjustment
[[water meter] cover] / adjustment / screw
[[water meter] cover] / [adjustment screw]
[[[water meter] cover] [adjustment screw]]

Der Algorithmus hat, da nur jeweils die ersten drei Substantive betrachtet werden, die systematische Eigenschaft, daß alle Komposita, die die Struktur [N [N [N N]]] aufweisen, falsch analysiert werden. Der Algorithmus ist also nur dann empirisch adäquat, wenn es kein Kompositum mit einer solchen Struktur gibt. Marcus führt selbst das Gegenbeispiel (3.19) an, dessen korrekte Struktur (3.20) ist.

(3.19) 1970 baloon flight solar cell standardization program

(3.20) [1970 [[baloon flight][[solar-cell standardization] program]]]

Im Deutschen sind Komposita mit besagter Struktur zwar nicht sehr häufig, aber durchaus möglich:

(3.21) Damenperlenhalsband
Damensommerpelzmantel
Herrensommerlederhose
Fernverkehrlastkraftwagen
Damenlederhandtasche
Winterklavierwochenende
KBE-Personennahverkehrszug
(Kunststoff)(blumenmuster)(schlafzimmer)tapete

Solche Komposita können - eine entsprechende semantische Komponente vorausgesetzt - richtig analysiert werden, wenn wir den Algorithmus so ändern, daß im Falle der Entscheidung zugunsten der Struktur $[N_2\ N_3]$, diese Struktur nicht sofort gebildet wird, sondern der Prozeß mit einer Erhöhung des offset um 1 fortgesetzt wird. Die obigen Komposita können dann nach folgendem Schema analysiert werden:

```
(3.22)    Damen / perlen / hals
           1        2       3

          Damen / perlen / hals / band
           1        2       3      4
                    1       2      3    (offset=1)

          Damen / perlen / [hals band]
            1       2             3     (offset=0)

          Damen / [perlen [hals band]]
           1            2

          [Damen [perlen [hals band]]]
```

Die entsprechenden Prozeduren können leicht in Quasi-BMS formuliert werden:

```
(3.23)    #KOMPLEX-N (u (? 2 (f noun))
                        (o (u (? 3 (f noun))
                              (o (u ("1 und 2 bilden
                                     eine Konstituente")
                                     (+1 1 2))
                                 (u (# KOMPLEX-N 1)
                                    (# KOMPLEX-N 0))))
                           (+1 1 2)))

          #PARSE-N (u (# KOMPLEX-N 0)
                      (# PARSE-N 0))

          #HOL-N (u (? 1 (f noun))
                    (o (# PARSE-N 0)
                       (t)))
```

Folgende Darstellung zeigt die Analyse nach diesen Prozeduren.

```
(3.24)    Damen
            1                           HOL-N

          Damen / perlen / hals
           1        2       3           PARSE-N,KOMPLEX-N(0)

          Damen / perlen / hals / band
           1        2       3      4    KOMPLEX-N(1)
                    1       2      3    (offset=1)

          Damen / perlen / hals / band / 0
           1        2       3      4        KOMPLEX-N(2)
                            1      2      3 (offset=2)

          Damen / perlen / [hals band] / 0
                    1            2        3   KOMPLEX-N(1)
                                              (offset=1)

          Damen / [perlen [hals band]] / 0
           1            2                 3  KOMPLEX-N(0)
```

```
[Damen [perlen [hals band]]] / 0
              1                     2 KOMPLEX-N(0)
                                      wird falsch
```

Die Analyse unterscheidet sich von der bei Marcus beschriebenen (S.340) in zwei wesentlichen Punkten. Zum einen ist hier die bei Marcus theoretisch begründete Begrenzung des Arbeitsspeichers auf nur drei Zellen aufgehoben. Dies ist notwendig, um Komposita wie Damenperlenhalsband überhaupt analysieren zu können. Wir werden weiter unten noch weitere Daten betrachten, die die empirische Inadäquatheit dieser Begrenzung verdeutlichen.

Der zweite Unterschied liegt darin, wie der von Marcus festgestellten "Neigung" ("bias") der Komposita, nach links und in die Tiefe verschachtelt zu sein, von dem Analysealgorithmus entsprochen wird. Während bei Marcus die Ausweganweisung für den Fall, daß keine Entscheidung zwischen [N_1 N_2] und [N_2 N_3] gefällt werden kann, lautet: "Fasse N_1 und N_2 zusammen", ist in den obigen Prozeduren keine solche Lösung vorgesehen: Entweder, die ersten beiden N bilden eine Konstituente, oder der Prozeß läuft weiter. Nehmen wir an, der Test "1 und 2 bilden eine Konstituente" wird immer falsch, dann erhalten wir für jedes Kompositum eine Struktur [...[N [N [N N]]]...], da nach unserem "default"-Wert jeweils die letzten beiden N N des gesamten Kompositums zusammengefaßt werden.

Die von diesem Algorithmus analysierten Strukturen sind L-ambig. Die bei Marcus angenommene Begrenzung des Speichers auf drei Zellen erwies sich für die Analyse dt. Komposita als empirisch inadäquat. Aus theoretischer Sicht stellt sich die Frage, ob eine Begrenzung des Speichers auf eine bestimmte Anzahl von Zellen überhaupt möglich ist, oder ob es Strukturen gibt, die nahelegen, den Gedanken der Begrenzung völlig aufzugeben[27]. In der Tat sind derartige Strukturen in dt. Nebensätzen anzutreffen. Der oben beschriebene Parser muß dafür zu einem Parser verallgemeinert werden, der die folgenden Eigenschaften besitzt.

3.2.2 Der "Grenze-zurück"-Algorithmus

Prinzipiell ist ein von links nach rechts fortschreitender Algorithmus denkbar, der von drei Elementen X_1 X_2 X_3 nur dann entweder die ersten beiden oder die letzten beiden X zusammenfaßt, wenn hierfür nach semantischen oder pragmatischen Kriterien ein eindeutiger Grund vorliegt. Ist dies

------

27 Dies würde natürlich die Strenge der Theorie schwächen. Allerdings ist eine Begrenzung auf z.B. 26 Zellen genauso wenig aussagekräftig.

nicht der Fall, wird der Offset um 1 erhöht, und der Ablauf wiederholt sich, diesmal mit dem zweiten, dritten und vierten X. Der Prozeß schreitet so lange nach rechts voran, bis eine eindeutige Grenze der gesamten Konstruktion angetroffen wird[28]. Nun läuft der Prozeß Schritt für Schritt von rechts nach links zurück, wobei nun die Gruppen entweder nach eindeutigen semantischen Kriterien oder, wenn dies nicht möglich ist, nach einem "default"-Wert gebildet werden. Die Analyse des deutschen Nebensatzes (3.25)

(3.25) (daß) der Sand von dem Angestellten des Sportvereins mit einem Förderband mit Gummirollen aus der Weitsprunggrube in die Hochsprunggrube transportiert wurde.

könnte etwa wie folgt verlaufen:

(3.26)
X_1 = der Sand
X_2 = von dem Angestellten
X_3 = des Sportvereins — X_2 X_3 eindeutig, weiter

X_1 = von dem Angestellten
X_2 = des Sportvereins
X_3 = mit einem Förderband — nicht eindeutig

X_1 = des Sportvereins
X_2 = mit einem Förderband
X_3 = mit Gummirollen — X_2 X_3 eindeutig, weiter

X_1 = mit einem Förderband
X_2 = mit Gummirollen
X_3 = aus der Weitsprunggrube — X_1 X_2 eindeutig

X_1 = mit einem Förderband mit Gummirollen
X_2 = aus der Weitsprunggrube
X_3 = in die Hochsprunggrube — nicht eindeutig

X_1 = aus der Weitsprunggrube
X_2 = in die Hochsprunggrube
X_3 = transportiert — eindeutig, Grenze

X_1 = mit einem Förderband mit Gummirollen
X_2 = aus der Weitsprunggrube
X_3 = in die Hochsprunggrube transportiert — eindeutig

X_1 = des Sportvereins
X_2 = mit einem Förderband mit Gummirollen
X_3 = aus der Weitsprunggrube in die Hochsprunggrube transportiert — eindeutig

------
28 Dies kann z.B. ein Satzendezeichen, das finite Verb o.ä. sein.

X_1 = von dem Angestellten
X_2 = des Sportvereins
X_3 = mit ... transportiert   eindeutig X_1 X_2

X_1 = der Sand
X_2 = von dem Angestellten
des Sportvereins
X_3 = mit ... transportiert   default X_2 X_3

X_1 = der Sand
X_2 = von ... transportiert
X_3 = wurde   eindeutig X_2 X_3
===

Dieser Satz, der eine Reihe von *LR-Ambiguitäten aufweist, verdeutlicht noch einmal die Inadäquatheit der Marcus'schen "3-Zellen-Hypothese": Erst wenn das Verb erreicht ist, kann der Satz richtig analysiert werden. Da das Verb aber an achter Stelle steht, müssen sieben Konstituenten gespeichert werden[29].

Soweit haben wir ausgehend von Marcus' Kompositaanalyse einen Mechanismus zur Analyse deutscher Nomenkomposita umrissen. Wir haben gezeigt, daß ein ähnlicher Algorithmus auch für deutsche Nebensatzkonstruktionen konstruiert werden kann. Im dt. Kompositum liegt durchgehend L-Ambiguität vor, im dt. Nebensatz *LR-Ambiguität.

Wir wollen nun sehen, ob dieser Algorithmus auch für die im Französischen durchgehend anzutreffenden rechtsverzweigenden Konstruktionen, d.h. bei R-Ambiguitäten, gebraucht werden kann.

Dem deutschen [N_1 N_2]-Kompositum entspricht im Französischen häufig eine [N_2 [P [N_1]]-Konstruktion (<u>Taschenlampe</u> / <u>lampe</u> <u>de</u> <u>poche</u>). Ebenso wie die dt. Kette N N N ist die frz. Kette N P N P N syntaktisch mehrdeutig. Wenn wir diese Ketten mit unserem Algorithmus analysieren wollen, müssen wir zunächst den Arbeitsspeicher von drei auf fünf Zellen vergrößern, um die Präpositionen unterzubringen. Solange die Ambiguitäten nicht aufgelöst sind, dürfen keine Präpositionalphrasen gebildet werden, da sonst das N nicht mehr als Kern fungieren kann. Sei z.B. die Gruppe <u>production</u> <u>de</u> <u>voitures</u> <u>de</u> <u>course</u>: Wenn wir von links nach rechts vorgehen und die ersten drei Elemente betrachten, dann können wir entweder <u>production</u> <u>de</u> oder <u>de</u> <u>course</u> zusammenfassen. Beide Gruppierungen garantieren aber einen falschen weiteren Verlauf der Analyse: In dem ersten Fall entsteht die Kette N N P N, in dem zweiten N

------

29 Sieben Konstituenten, wenn man Präposition und NP als eine Konstituente betrachtet. Es wird weiter unten gezeigt, daß dies nicht möglich ist, sodaß eigentlich 14 Konstituenten gespeichert werden müssen.

P P N, die beide nach den Regeln der frz. Grammatik nicht mehr zu analysieren sind. Im Falle der präpositionalen Attribute müssen wir also jeweils fünf Zellen betrachten und uns für eine der Gruppierungen $[N_1\ [P\ N_2]]$ oder $[N_2\ [P\ N_3]]$ entscheiden. Bei der Gruppierung müssen zwei Konstituenten auf einmal gebildet werden. Der Algorithmus kann nun ähnlich dem für dt. Komposita entwickelten aufgebaut werden.

```
(3.27)    #PP-ATTRIB (u (u (? 2 (f prep))
                           (? 3 (f noun)))
                        (o (u (u (? 4 (f noun))
                                 (? 5 (f noun)))
                              (o (u ("1,2 und 3 bilden
                                       eine Konstituente")
                                    (u (+r 3 2)
                                       (+r 2 1)))
                                 (u (# PP-ATTRIB 2)
                                    (# PP-ATTRIB 0))))
                           (u (+r 3 2)
                              (+r 1 2)))))

(3.28)    #PARSE-N (u (# PP-ATTRIB 0)
                      (# PARSE-N 0))

(3.29)    #HOL-N (u (? 1 (f noun))
                    (o (# PARSE-N 0)
                       (t)))
```

Als Beispiel betrachte man die Analyse der Gruppe (3.30)

```
(3.30)    volant en bois à branches en aluminium

          volant / en / bois / à / branches                1-2-3
            1       2    3     4     5

          volant en bois / à / branches / en / aluminium
                 1       2      3        4       5

          volant en bois / à / branches / en / aluminium   0
                                 1        2       3        4
                                               (offset = 2)

          volant en bois / à / branches en aluminium 0
                1        2            3               4
                                               (offset = 0)

          volant en bois à branches en aluminum / 0
                             1                  2
```

Es ist theoretisch interessant, daß dieser für R-Strukturen geeignete Algorithmus sich nicht sonderlich von dem oben beschriebenen Algorithmus für L-Strukturen unterscheidet. Beide Algorithmen schreiten zunächst von links nach rechts bis zu einer eindeutigen Grenze der Konstruktion fort und fassen dabei gegebenenfalls die Elemente der Zellen 1 und 2 zusammen. Ist die Grenze in Zelle 3 erreicht, werden die Elemente aus Zelle 1 und 2 zusammengefaßt. Der Prozeß läuft dann von rechts nach links zurück, wobei jeweils die restlichen Strukturierungen vorgenommen werden. Der bei Tesnière beschriebene Unterschied zwischen "langues centrifuges" und "langues centripètes" hat also nach diesen Algorithmen keine unmittelbare Entsprechung in der Satzanalyse.

3.2.3 Der "Baumlauf"-Algorithmus

Die oben beschriebenen Algorithmen sind dadurch gekennzeichnet, daß Elemente, die links des Elementes in der ersten Zelle stehen, nicht zugänglich sind. Z.B. kann bei der Analyse von <u>branches</u> <u>en</u> <u>aluminium</u> in obigem Beispiel die in <u>volant</u> <u>en</u> <u>bois</u> enthaltene Information nicht genutzt werden. Dies kann in bestimmten Fällen zu einer falschen Analyse führen. Betrachten wir zunächst die Analyse der bei Marcus (1978:10,51,83f.) diskutierten englischen Sätze

(3.31) a. Is the block sitting in the box red?
b. Is the block sitting in the box?

Nehmen wir an, die Sätze seien bereits zu folgenden Gruppen strukturiert:

```
(3.32)   a. Is / the block / sitting in  the box / red / ?
            1       2                  3          4    5

         b. Is / the block / sitting in the box / ?
            1        2                3          4
```

Satz a. kann ohne weitere Probleme durch den oben beschriebenen Algorithmus analysiert werden: Bei der ersten Erhöhung des Offset, trifft er auf die Kette

```
(3.33)   the block / sitting in the box / red
             1              2              3
```

Da für Zelle 2 und 3 keine Strukturierung möglich ist, müssen 1 und 2 zusammengefaßt werden. In Satz b. hingegen liegt nach der Offset-Erhöhung die Folge (3.34) vor.

```
(3.34)   the block / sitting in the box / ?
            1                  2           3
```

In diesem Fall kann der Parser aber keine Entscheidung treffen, ohne das Element vor the block zu betrachten. Ist es is, muß er ohne Strukturierung zurückkehren. Liegt aber ein Satz wie Did you clean the block sitting in the box? vor, muß the block und sitting in the box eine Konstituente bilden. Da die Strukturierung von Is bzw. Did you clean und the block darüberhinaus eindeutig ist, sollte der Algorithmus diese Konstituenten direkt strukturieren. Zur Adjunktion der folgenden Elemente muß dann auf Is und auf the block zugegriffen werden können. Im folgenden werden wir einen Algorithmus, der diese Eigenschaft hat, betrachten.

Wir nehmen wieder an, die Spezifizierer und der Kern einer Gruppe seien bereits strukturiert und in der ersten Speicherzelle abgelegt. Die Funktion #NEU holt das nächste Wort in die zweite Zelle. Ist dieses Wort eine Präposition, wird das folgende Wort, bzw. die folgende Gruppe (Spez. Kern) in die dritte Zelle geladen. Der nun beschriebene Algorithmus adjungiert die Elemente in den Zellen 2 (oder 2 und 3) als rechte Tochter zu dem Baum in Zelle 1. Als Mutter für das Element aus 2 kommt einer der rechtesten Knoten des Baums in Zelle 1 in Frage. Sei z.B. die NG un volant en bois à branches en aluminium recourbé bis auf recourbé analysiert:

(3.35)

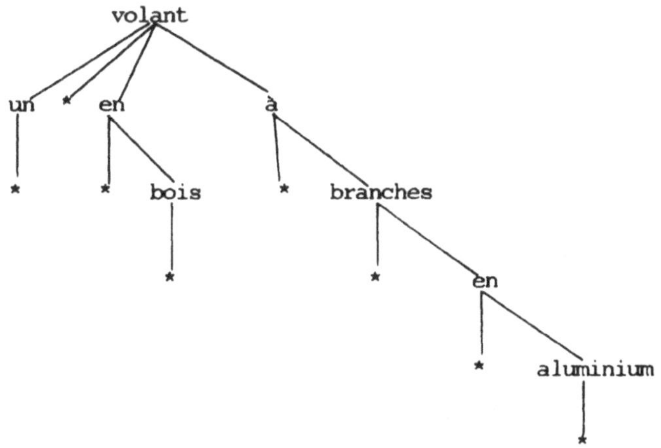

Dann hat der VS recourbé die MM volant, à, branches, en und aluminium. à und en scheiden aus rein syntaktischen Gründen aus. Die "semantische" Komponente muß also einen der drei restlichen Knoten aussuchen. Hierzu werden jeweils zwei Knoten A und B miteinander verglichen. A ist zu Beginn der Wurzelknoten und B ist jeweils der nächstunterste rechteste Knoten: Ist branches recourbé besser als volant recourbé? Aus morphologischen Gründen lautet die Antwort sicherlich "nein". Ist aluminium recourbé besser als volant recourbé? In diesem Fall lautet die Antwort "ja", sodaß aluminium Mutter von recourbé wird. Nehmen wir für einen Moment an, die erste Abfrage sei bejaht worden, also branches recourbé sei besser als volant recourbé. In diesem Fall wäre branches nicht direkt Mutter von recourbé geworden, sondern der Vergleichsdurchlauf hätte sich mit branches als A wiederholt, sodaß nun die Abfrage "Ist aluminium recourbé besser als branches recourbé?" gefolgt wäre. der Algorithmus lautet also:

(3.36)
```
A:=Zelle 1
B:=Zelle 1
Wiederhole
   B:=rechte Tochter von B
   Wenn B+Zelle 2 besser ist als A+Zelle 2 dann
   A:=B
solange bis B der letzte rechteste Knoten des Baums ist
```

Liegt in Zelle 1 ein Baum mit n rechten Töchtern, dann benötigt man n-1 Vergleiche, um die "beste Mutter" für den VS zu ermitteln. Der Algorithmus macht sich die Transitivität der Relation "besser" zunutze: Wenn A eine bessere Mutter ist als B und B eine bessere Mutter als C, dann ist auch A eine bessere Mutter als C. Liegt z.B. ein Baum wie der folgende vor

(3.37)

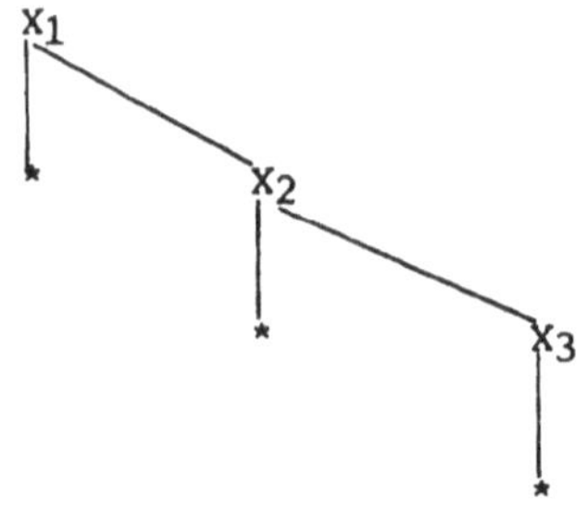

dann gilt für den Fall, daß X_3 besser ist als X_1, und X_1 besser ist als X_2 auch, daß X_3 besser ist als X_2.

Dieser Algorithmus ist natürlich nicht ohne Modifikation für L- und LR-Ambiguitäten zu gebrauchen[30]. Für die im Französischen anzutreffenden R-Ambiguitäten scheint er hingegen die geeignetste Analysemethode zu sein. Wir werden daher diesen Algorithmus in den folgenden Kapiteln zur Analyse des Französischen benutzen.

------

30 Der Algorithmus kann leicht mit dem "Grenze-Zurück"-Algorithmus kombiniert werden.

4. ANALYSE FRANZÖISCHER NOMINALSYNTAGMEN

In diesem Kapitel wird die Analyse komplexer französischer Nominalgruppen nach dem oben beschriebenen "Baumlauf"-Algorithmus dargestellt. Die Darstellung ist unterteilt in die Behandlung der weniger problematischen nicht mehrdeutigen L-Strukturen des französischen Nominalsyntagmas (NS) und die Besprechung der mehrfach ambigen R-Strukturen.

R-Ambiguitäten treten im Französischen nicht nur innerhalb komplexer Nominalsyntagmen (<u>une</u> <u>robe</u> <u>de</u> <u>soie</u> <u>rouge</u> = <u>ein</u> <u>Kleid</u> <u>aus</u> <u>roter</u> <u>Seide</u> vs. <u>ein</u> <u>rotes</u> <u>Kleid</u> <u>aus</u> <u>Seide</u>) auf. In vielen Fällen besteht R-Ambiguität zwischen Nominalsyntagma und Verbalsyntagma. Vgl. hierzu (4.1) a. und b.:

(4.1) a. Jacques [[a mis les livres] sur la table]
Jacques hat die Bücher auf den Tisch gelegt.

b. Jacques [a lu [les livres sur la grammaire]]
Jacques hat die Bücher über Grammatik gelesen.

In beiden Sätzen liegt die gleiche Kategorienfolge N AUX V Det N Det N vor. Bevor die maschinelle Analyse einer Teilmenge der R-ambigen innerhalb von NS beschrieben wird, gebe ich an dieser Stelle eine Übersicht über die in NS und VS möglichen Ambiguitäten. Bei dieser Darstellung ist wiederum die Analye der nicht-ambigen L-Strukturen vorausgesetzt, sodaß etwa die Ambiguität der Ketten in (4.1) durch die Folge V N P N skizziert wird.

4.1 Übersicht über R-Ambiguitäten im Französischen

Nach dem beschriebenen "Baumlauf"-Algorithmus besteht Ambiguität immer bezüglich eines verlorenen Sohnes zwischen zwei möglichen Müttern. Wir können daher die Ambiguitäten durch die Angabe der jeweiligen syntaktischen Kategorie der MM und des VS notieren. Hierzu wird eine Formel der Art MM_1 / MM_2 +VS. Die Ambiguität in (4.1) ist dann z.B. folgendermaßen darstellbar: V / N + P N:

(4.2) a. mis / les livres + sur la table
b. lu / les livres + sur la grammaire

Um herauszufinden, welche der möglichen Konstellationen der Art A / B + C im Französischen anzutreffen sind, und welche von diesen dann mehrdeutig sind, betrachten wir zunächst die theoretisch möglichen Konstellationen.

4.1.1 Die theoretisch möglichen Kombinationen

Nehmen wir an, eine Sprache enthalte die fünf Wortarten A, B, C, D und E, die in R-Strukturen auftreten. Dann ergeben sich theoretisch 5^3 (=125) Konstellationen vom Typ X / Y + Z, wenn jede Wortart an jeder Stelle auftreten kann. Da die Zahl der möglichen Konstellationen drastisch ansteigt, je mehr Wortarten betrachtet werden, habe ich mich auf die Betrachtung von V (Verb), N (Substantiv) und A (Adjektiv) beschränkt. In der Position des VS können V und N durch eine Präposition eingeleitet sein, sodaß dort die Gruppen V, N, A, P N und P V anzutreffen sind. Nebensätze werden unter der Rubrik V aufgeführt, da sie nach obiger Annahme bereits bis zum finiten Verb strukturiert sind (L-Struktur). Aus der Kombination dieser Elemente ergeben sich nun 3 * 3 * 5 (=45) Muster vom Typ MM / MM + VS:

(4.3)

1)	V	/	V	+	V
2)	V	/	V	+	P V
3)	V	/	V	+	N
4)	V	/	V	+	P N
5)	V	/	V	+	A
6)	V	/	N	+	V
7)	V	/	N	+	P V
8)	V	/	N	+	N
9)	V	/	N	+	P N
10)	V	/	N	+	A
11)	V	/	A	+	V
12)	V	/	A	+	P V
13)	V	/	A	+	N
14)	V	/	A	+	P N
15)	V	/	A	+	A
16)	N	/	V	+	V
17)	N	/	V	+	P V
18)	N	/	V	+	N
19)	N	/	V	+	P N
20)	N	/	V	+	A
21)	N	/	N	+	V
22)	N	/	N	+	P V
23)	N	/	N	+	N
24)	N	/	N	+	P N
25)	N	/	N	+	A
26)	N	/	A	+	V
27)	N	/	A	+	P V
28)	N	/	A	+	N
29)	N	/	A	+	P N
30)	N	/	A	+	A
31)	A	/	V	+	V

32) A	/	V	+	P V
33) A	/	V	+	N
34) A	/	V	+	P N
35) A	/	V	+	A
36) A	/	N	+	V
37) A	/	N	+	P V
38) A	/	N	+	N
39) A	/	N	+	P N
40) A	/	N	+	A
41) A	/	A	+	V
42) A	/	A	+	P V
43) A	/	A	+	N
44) A	/	A	+	P N
45) A	/	A	+	A

Es ist interessant zu beobachten, daß von diesen 45 Konstellationen 20 tatsächlich strukturell mehrdeutig sind. In der folgenden Auflistung werden die Ambiguitäten durch Beispiele verdeutlicht. Viele dieser Ambiguitäten sind leicht durch eine weitere Unterscheidung in Relativsatz, Nebensatz etc. oder durch Berücksichtigung des unmittelbaren Kontexts aufzuheben[31].

4.1.2 Die im Französischen vorkommenden Ketten

1) V / V + V

<Jean>[32] veut / savoir + chanter
<Jean> veut / dire + <que Jacques> chante
<Jean> dit / <que Jacques> pense + <que Pierre> vient

2) V / V + P V

<Jean> veut / <se> mettre + à chanter
<Jean s'> arrête / <de> fumer + avant de <s'en> aller

3) V / V + N

<Jean> veut / préparer + <le> petit déjeuner
<Jean> laisse / courir + <le> chien[33]

(Busse u. Dubost 1977:195)

------

31 Konfigurationen, die durch das Auftreten eines NN-Kompositums (station-service) zustande kommen, sind vernachlässigt worden. Kombinationen, in denen der VS ein Adj. ist und eine der MM ein V, können eindeutig durch die Abfrage der Valenz von V vereindeutigt werden. Einige Ambiguitäten ergeben sich bei Verben, die eine fakultative Objekt-Valenz haben: la chambre à coucher des parents das Schlafzimmer der Eltern vs. das Zimmer um Eltern zu betten.

32 Elemente, die nicht zum VS oder zu einer MM gehören, sind zwischen spitze Klammern gesetzt. Die "richtige Mutter" ist unterstrichen.

33 Eine andere Analyse (courir (le chien)) ist denkbar. Vgl. Kayne 1975:202ff.

4) V / V + P N

<Jean> veut / participer + à la réunion
<Il> fait / faire <ce travail> + à Jean[34]

5) V / V + A

<Jean> voudrait / être + joli

6) V / N + V

<Il> laisse / <le> chien + courir
(Busse u. Dubost 1977:195)
<Il> raconte / <la> nouvelle + <que Jacques> chante
<Il> dit / <à> Paul + <que Jacques> chante

7) V / N + P V

<Il> met / <une> heure + à faire <cela>
<Il> prépare / <la> chambre + à coucher

8) V / N + N

appeler / <un> chat + <un> chat
désaccoupler / <du> collecteur + <le> tube <d'échappement>

9) V / N + P N

<Il> donne / <les> livres + à Marie
<Il> répare / <la> voiture + de Marie

10) V / N + A

<Je> trouve / <ta> voiture + <assez> chouette
<Il> connaît / <toutes les> voitures + françaises

12) V / A + P V

<Luc> est / capable + de chanter

14) V / A + P N

<Luc> est / triste + à cause de <son> échec
<Luc> est / conscient + de <son> échec

16) N / V + V

<le> monsieur / <qui> dit + <que Jacques> vient
<la> nouvelle / <que Jacques> vient + <dont il me> fait <part>
<un> manque / <de> savoir + vivre

17) N / V + P V

<le> temps / <de se> mettre + à travailler
<la> machine / <à> laver + à réparer

------
34 siehe Fn.33

18) N / V + N

<le> temps / <de> prendre + <le> petit-déjeuner

19) N / V + P N

<la> chambre / <à> coucher + des parents

<le> temps / <de> participer + à <la> réunion

20) N / V + A

<un> truc / <pour> être + beau

<une> salle / <à> manger + magnifique

21) N / N + V

<la> mère / <de la> fille + <qui> chante

<un> chien / <de> berger + <qui> danse

22) N / N + P V

<la> porte / <de la> salle + à manger

<un> tonneau / <en> bois + pour conserver <la choucroute>

24) N / N + P N

<la> sortie / <du> franc + du serpent <monétaire>

<le> sécrétaire / <de l'> agence + de voyage

25) N / N + A

<une> voiture / <de> course + français

<une> boîte / <en> bois + verni

27) N / A + P V

<une> histoire / triste + à pleurer

<une> chambres / confortable + à coucher

28) N / A + N

<une> veste / bleue + nuit

<la> suspension / portant + la toupie

29) N / A + P N

<les> phrases / simples + du français

mesures <...> / applicables + à <l'> importation <...>

<une> chemise / noire + de suie

<des> poupées / marocaines + de soie

30) N / A + A

<une> veste / legère + bleue

<un> pull / bleu + clair

31) A / V + V

susceptibles / <de> vouloir + manger

32) A / V + P V

<une histoire> drôle / <à> mourir + de rire

33) A / V + N

fort / <à> concurrencer + <un> géant

34) A / V + P N

désireux / <de> partir + pour <l'> Amérique

35) A / V + A

fière / <de> partir + seul

37) A / N + P V

fou / <de> joie + de vivre
plein / <de> vin + à <en> déborder

38) A / N + N

appellant / <un> chat + <un> chat

39) A / N + P N

portant / <un> bébé + sur <le> dot
portant / <un> sac + de voyage

4.2 L-Strukturen im französischen Nominalsyntagma

Dieser Abschnitt beschreibt die Analyse der L-Strukturen des französischen Nominalsyntagmas. Zur Bezeichnung der regierten Elemente innerhalb einer L-Struktur benutze ich in Anlehnung an Jackendoff (1977:14) den Begriff "Spezifizierer", zur Bezeichnung der regierten Elemente einer R-Struktur den Begriff Komplement. Die Bezeichnungen sind also nur formal und nicht inhaltlich begründet. Der Einfachheit halber benutze ich zuweilen die Ausdrücke "A spezifiziert B" und "A komplementiert B", um auszudrücken, daß A Spezifizierer bzw. Komplement von B ist.

Da der Schwerpunkt der Arbeit auf den ambigen R-Strukturen liegt, geht die Behandlung der Spezifizierer nicht sonderlich in die Tiefe. Die in dieser Arbeit behandelten französischen Spezifizierer+N-Konstruktionen sind durch folgende Grammatik definiert:

(4.4) N(<[tou-],[Det],[Quant]/<Adv/N>,de>,[Adj*],*)
N(de,<le/Adj,[Adj]>,*)
Adj([Adv],*)

Folgende Beispiele illustrieren diese Konstruktionen:

(4.5) a. voitures
b. petites voitures
c. jolies petites voitures
d. très petites voitures
e. très jolies petites voitures
f. une ((très) jolie) ((très) petite) voiture
g. les (deux)((très) jolies) ((très) petites) voitures
h. toutes les voitures
i. tout homme
j. tous les deux
k. beaucoup de ((très) jolies) voitures
l. une bouteille de bière
m. la bouteille de bière
n. toutes les bouteilles de bière
o. beaucoup de bouteilles de bière
p. de la bière
q. des bouteilles de bière

Wir beginnen die Beschreibung der Analyse mit den einfachen Fällen der Spezifizierung eines Substantivs durch ein Adjektiv, einen einfachen Quantor oder durch einen Det.

4.2.1 Adjektive

Zur Klassifikation der Adjektive übernehme ich die von Zemb (1978:122ff.) aufgestellte Typologie. Zemb faßt unter den Begriff "Adjektiv" nicht nur die Klasse der traditionell als Adj. bezeichneten Lexeme, sondern schließt die Klasse der Adverbien mit ein. Ein A-Lexem hat generell die Funktion, ein anderes Lexem X (oder eine Lexis X') zu modifizieren.

> A ist der Anfangsbuchstabe von "adjectivum", das Hinzugefügte. Ein A-Lexem ist ein Lexem, das einem anderen "hinzugefügt" ist. Die Elemente der Lexemklasse A lassen sich dadurch definieren, daß sie immer und nur als Teil eines Taxems AX auftreten.
>
> (Zemb 1978:132)

Die Möglichkeit eines A-Lexems, ein anderes Lexem zu modifizieren, symbolisiert er durch A^X. A-Lexeme können nun nach ihrer Potenz subklassifiziert werden. Zemb unterscheidet die vier Potenzen A^A, A^N, A^V und A^{V*}. Die Funktion A^N entspricht der traditionellen Funktion des Adjektivs, ein Substantiv zu modifizieren: petite voiture, voiture rouge. Die Funktionen A^V und A^A entsprechen den traditionellen Funktionen des Adverbs: rouler vite und très petit. Die Potenz[35] A^{V*} bezeichnet die Möglichkeit eines Adj. in prädikativer Stellung zu stehen: être petit. In Anlehnung an diese Klassifizierung benutze ich das Merkmal "adj" zur Bezeichnung der gesamten Klasse und die Merkmale "adN", "adA", "adV" und "adV*" zur Bezeichnung der jeweiligen Potenzen. Ein Lexem der Klasse "adj" kann durch ein, zwei, drei oder alle Subkategorisierungsmerkmale charakterisiert sein[36].

4.2.1.1 Vorangestellte Adjektive

Ein Substantiv kann im Deutschen und im Französischen durch ein oder mehrere links von ihm stehende Adjektive modifiziert werden: (un) joli petit enfant / (ein) schönes kleines Kind. Während im Deutschen keine Begrenzung bezüglich der Anzahl der vorangestellen Adj. auszumachen ist, kommen im Französischen kaum mehr als zwei Adjektive links des Kerns vor[37].

4.2.1.2 AdA-Lexeme

Im Französischen und im Deutschen kann ein Adjektiv von einem vorangestellten AdA-Lexem modifiziert werden. très petit / sehr klein. Während A-Lexeme, die Verben oder nachgestellte Adjektive modifizieren, selbst durch ein AdA-Lexem modifiziert werden können, wie in Il roule très vite. und une maison nettement plus jolie, können AdA-Lexeme, die ein Adj. in L-Struktur modifizieren, nicht selbst modifiziert werden: *une nettement plus jolie maison.

Da AdA-Lexeme fakultative Elemente sind, kann unsere Analysegrammatik entweder ein Adj. oder ein AdA-Lexem antreffen. Im ersten Fall ist das Adjektiv gefunden, im zweiten Fall muß die Struktur Adj(AdA(*),*) gebildet werden. Hierdurch rutscht das regierende Element auf die erste Zelle. Gleichzeitig soll bei der Strukturbildung dem AdA-Lexem die Rolle "modif" zugewiesen

------

35 Die Fähigkeit eines Lexems A, andere Lexeme (X) bestimmen zu können, nennen wir Potenz. (S.142)

36 Siehe Zemb (1978:142) für eine Liste der möglichen Kombinationen im Französischen und Deutschen.

37 Quand un nom forme avec l'adjectif qui le précède ou qui le suit une sorte de groupe, on peut placer, sans particule coordonnante, un autre adjectif (parfois deux) à côté du premier.
Mais si le nom et l'adjectif ne forment pas une sorte de groupe, on ne peut accoler au nom deux ou plusieurs épithètes successives sans particule coordonnante ni virgule.
(Grevisse 1975: 369 f.)

vgl. auch Huckert 1979:126

werden, die die allgemeinste Form des Modifizierens bezeichnet[38]. Die Formulierung der Funktion HOL-A lautet dann:

```
(4.6)     # HOL-A (o (u (? 1 (u (f adj)
                                (f adA)))
                      (u (? 2 (u (f adj)
                                   (f adN)))
                         (u (? 1 (s modif))
                            (+1 1 2))))
                   (? 1 (u (f adj)
                           (f adN))))
```

Die Analyse einer Folge (AdA) (AdN) (AdN) N geschieht durch die Funktion A+N.

```
(4.7)     # A+N (u (# HOL-A 0)
                 (u (o (? 2 (f noun))
                       (# A+N 1))
                    (u (? 1 (s modif))
                       (u (? 2 (p *mod))
                          (+1 1 2)))))
```

Die Funktion A+N akzeptiert eine beliebige Anzahl von adN-Lexemen, die von einem N gefolgt werden. Zunächst wird die Funktion HOL-A aufgerufen, die ein einfaches oder modifiziertes Adjektiv auf die erste Zelle holt. Befindet sich das Substantiv in der zweiten Zelle, wird die Struktur N(Adj(*),*) gebildet und auf der ersten Zelle abgelegt. Liegt in der zweiten Zelle kein N, dann ist anzunehmen, daß das N von zwei Adjektiven modifiziert wird. In diesem Fall erfolgt ein rekursiver Prozeduraufruf mit offset-Erhöhung. Liegt das Substantiv in der dritten Zelle, dann wird ihm das zweite Adjektiv tochteradjungiert, und die resultierende Struktur wird auf der zweiten Zelle abgelegt. Die Funktion springt zurück in die aufrufende Rekursionsstufe. Dort wird nun das erste Adjektiv dem N tochteradjungiert.

Die Analyse von <u>jolie</u> <u>petite</u> <u>femme</u> verläuft folgendermaßen:

```
(4.8)     jolie / petite
            1       2                       A+N(0)

          jolie / petite / femme
            1       2        3
                    1        2              A+N(1)

          jolie / femme(petite(*),*)
            1         2                     A+N(0)

          femme(jolie(*),petite(*),*)
                    1
```

------

38 vgl. Abschnitt 4.3.2.1 für eine Diskussion der Rollen

und liefert den Baum

```
(4.9)     femme modif:jolie
                modif:petite
```

Die Grammatik besitzt nun eine Funktion zur Analyse von Adj N-Ketten. Der einfachste Fall, nämlich ein N ohne vorhergehendes Adjektiv kann aber noch nicht analysiert werden, da die Funktion A+N ein Substantiv auf der zweiten Zelle erwartet und nicht auf der ersten. Dieser Fehler kann leicht behoben werden, indem wir der Funktion A+N die Funktion

```
(4.10)    # HOL-N (o (? 1 (f noun))
                     (# A+N 0))
```

vorschalten, die entweder wahr wird, wenn ein N in Zelle 1 liegt, oder wenn die Funktion A+N wahr wird, d.h. wenn ein durch Adjektive spezifiziertes N in Zelle 1 liegt.

Im Französischen gibt es eine Vielzahl von Homonymen, die sowohl Adjektiv als auch Substantiv sind: la linguistique / une étude linguistique. Diese Lexeme sind im Lexikon durch die Merkmale [+adj,+noun] markiert. Die Funktionen HOL-N und A+N betrachten diese Lexeme immer als Substantive, da die Abfrage "(f noun)" immer der Abfrage "(f adj)" vorausgeht. Da die meisten dieser Homonyme in ihrer Adjektivlesart nur nachgestellt werden können, liefert die hier besprochene Analyse in den wenigsten Fällen falsche Resultate. In einer Gruppe wie

(4.11) linguistique mathématique
linguistisch mathematisch
Linguistik Mathematik

wird also stets das erste der Homonyme als N, das zweite als Adj. betrachtet. Damit die Grammatik auch Adjektive in der Funktion eines Substantives, wie in (4.12) analysieren kann, bedarf es nur einer kleinen Änderung der Funktion A+N.

(4.12) T'as vu la petite?
Hast du die Kleine gesehen?

Statt nur dann wahr zu werden, wenn sie ein Adj. und ein N vorfindet, muß die Funktion auch dann wahr werden, wenn lediglich ein Adjektiv in Zelle 1 angetroffen wird. Dieses Adjektiv wird dann zu einem Substantiv umfunktioniert, indem ihm das Merkmal [+noun] hinzugefügt wird und das Merkmal [+adj] getilgt wird:

```
(4.13)   # A+N (u (u (# HOL-A 0)
                     (? 1 (n (f nachg))))
                  (o (u (o (? 2 (f noun))
                           (# A+N 1))
                        (u (? 1 (s modif))
                           (u (? 2 (p *mod))
                              (+1 1 2))))
                     (? 1 (u (d adj)
                             (p noun)))))
```

Bei einer Folge von mehreren Adjektiven ohne folgendes Substantiv wird immer das letzte Adjektiv als Substantiv analysiert, es sei denn, ein Adjektiv gehört einer Klasse von nur nachgestellten Adjektiven an, die durch das Merkmal [+nachg] markiert sind.

4.2.2 Quantoren

Mit Salkoff fasse ich unter die Gruppe der Quantoren (Quant) "un mot qui satisfait à l'un des critères suivants:

(4.1.9) Il peut figurer entre un T (hier Det, (H.-U. B.) et un A (hier Adj, H.-U. B.) [...].

(4.1.10) Il figure avec un nom au pluriel pour former un groupe nominal acceptable [...] et n'est pas déjà classé comme un article T ou adjectif A au pluriel.

(4.1.11) Il peut se rattacher par une conjonction à un mot déjà classé comme quantificateur par l'un des deux critères précédents; ainsi un dans un ou deux hommes."

(Salkoff 1973:74)

Verschiedene Elemente dieser Klasse gehören auch anderen Wortarten an. Die Kardinalzahlen verhalten sich wie Substantive: en 1923 / im Jahre 1923, Il a coupé le pain en deux. / Er hat das Brot in zwei Teile geschnitten.

Die nach Salkoffs Definition (4.1.10) zur Gruppe der Quantoren zählenden Lexeme différent und divers rechne ich zur Gruppe der Adjektive[39]:

(4.14) Différentes / diverses possibilités se présentent.
cinq choses différentes / diverses
les cinq différentes possibilités

Die Funktion Q+N analysiert eine Folge Quant (Adj)(Adj.) N in folgender Weise: Liegt auf Zelle 1 ein Lexem mit dem Merkmal [+quant], wird die Funktion HOL-N mit einer Offset-Erhöhung um 1 aufgerufen, d.h. die oben

------

39 Hierdurch wird natürlich die Regel verletzt, daß ein frz. Nominalsyntagma nie nur aus Adj. N bestehen kann, vgl.: *bonnes possibilités se présentent. Allerdings wird diese Regel so häufig verletzt, daß sie m.E. nicht zur Wortartklassifizierung herangezogen werden sollte.

beschriebene A+N Analyse wird in der zweiten Speicherzelle begonnen und liefert als Resultat den N-Knoten in die Zelle 2. Der Quantor in Zelle 1 wird dann diesem N-Knoten als linke Schwester adjungiert.

```
(4.15)   # Q+N (o (u (? 1 (f quant)
                         (u (# HOL-N 1)
                            (u (s quant)
                               (u (? 2 (p *mod))
                                  (+1 1 2))))))
                  (# HOL-N 0))
```

Trifft eine der beiden Bedingungen (Quantor in Zelle 1 und (# HOL-N 1)) nicht zu, wird die Funktion HOL-N mit dem Offset 0 aufgerufen, sodaß auch ein Quantor in der Funktion eines Substantivs als N analysiert werden kann. Als Beispiel diene die Analyse der Gruppen:

```
(4.16)   a. une petite voiture
         b. un beau vieux
         c. deux

(4.17) a. une / petite
           1      2                     Q+N

          une / petite / voiture
           1      2         3
                  1         2           HOL-N, Offset=1

          une / voiture(petite(*),*)
           1         2                  Q+N

          voiture(une(*),petite(*),*)
                    1

       b. un / beau
          1     2                       Q+N

          un / beau / vieux
           1     2       3
                 1       2              HOL-N, Offset=1

          un / beau / vieux / 0
           1     2      3     4
                        1     2       A+N, kein N gefunden,
                                      vieux erhält das
                                      Merkmal [+noun]

          un / beau / vieux
           1     2       3
                 1       2            A+N

          un / vieux(beau(*),*)
           1       2                  Q+N
```

```
vieux(un(*),beau(*),*)
          1

c. deux 0
     1  2                  Q+N wird falsch,
                           Aufruf von HOL-N mit
                           Offset=0 wird wahr
```

4.2.2.1 Mengen- und Maßangaben

Eine weitere Art der Quantifizierung erfolgt im Frz. durch Konstruktionen der Typen beaucoup / assez ... de N und une foule / Quant million / bouteille ... de N. Wörter wie beaucoup, assez etc. treten an anderer Stelle in Funktion eines Adverbials (Il travaille beaucoup) und in Funktion eines (Pro-) N auf: Beaucoup sont venus. Diese Wörter werden durch die Merkmale [+adv,+noun,+quant] markiert. Ketten vom Typ beaucoup de tomates erhalten die Struktur (4.18), solche vom Typ une bouteille de bière die Struktur (4.19):

(4.18) tomates quant:beaucoup

(4.19) bière quant:bouteille quant:une

Ich nehme also für diese Konstruktionen eine L-Struktur an. Für diese Lösung und gegen die Alternative, die obigen Phrasen als (4.20) und (4.21) zu analysieren[40], sprechen verschiedene Argumente.

(4.20) beaucoup ???:de zero:tomates

(4.21) bouteille quant:une
???:de zero:bière

1. Zunächst ist es nicht möglich, Konstruktionen dieses Typs mit anderen Quantoren zu kombinieren: *beaucoup de deux livres. Dies ist kein besonders starkes Argument, da ebensogut semantische Restriktionen für die Ungrammatikalität aufkommen könnten. Diese Restriktionen sind aber in der hier vorgeschlagenen Lösung zumindest leichter zu formulieren.

2. Während frz. präpositionale Komplemente normalerweise beliebig tief geschachtelt werden können, ist dies bei Mengenkonstruktionen nicht möglich[41]:

(4.22) a. le moteur de la voiture de la tante de l'ami de Guy
b. ?234 caisses de bouteilles de bière

------

40 vgl. etwa Zemb (1978:188,192)

41 Diese Konstruktion ist in einer reinen quantitativen Lesart kaum möglich.

3. Selektionsrestriktionen beziehen sich auf das Lexem nach de:

(4.23) a. J'ai mangé une pomme / *une voiture.
b. J'ai mangé beaucoup de pommes / *de voitures.

Diese Restriktionen sind in der alternativen Lösung schwieriger zu formulieren. Weiter macht Milner (1978:55) darauf aufmerksam, daß Lexeme wie kilo und mètre in Mengenkonstruktionen ihre "propriétés sélectionnelles" verlieren:

(4.24) a. le pain pèse un kilo
b. *le pain pèse de la farine
c. *le pain pèse un kilo de farine

4. Milner (1978:56f.) zeigt deutlich, daß de N in obigen Konstruktionen keine Präpositionalgruppe (PP) ist. Im Frz. kann eine PP nicht "über eine andere PP hinweg" nach links bewegt werden, wohl aber über de N der Mengenkonstruktion:

(4.25) a. c'est de Zola que j'ai lu le livre
b. *c'est de Zola que je me suis interéssé au livre

(4.26) a. c'est de Zola que j'ai lu deux livres
b. c'est de Zola que j'ai lu beaucoup de livres
c. c'est de Zola que j'ai lu des tonnes de livres

5. Schließlich sei noch auf die dt. Übersetzungen verwiesen, die eine L-Struktur nahelegen. beaucoup de livres kann leichter ins dt. viele Bücher übersetzt werden, wenn in beiden Sprachen die gleichen Konstruktionen vorliegen.

Zur Analyse dieser Konstruktionen formulieren wir zunächst die Funktion DE+N, die feststellt, ob eine Folge de N vorliegt. Das N muß in diesen Konstruktionen eines der Merkmale [+*pl] oder [+msn] haben:

(4.27)
```
# DE+N (u (? 1 (u (f prep)
                  (f de))
            (u (# HOL-N 1)
               (? 2 (o (f *pl)
                       (f msn)))))
```

Diese Funktion kann für beide Mengenkonstruktionen benutzt werden. In der Funktion A-Q+DE+N wird zunächst durch die Funktion HOL-ADV ein Adjektiv in die Zelle 1 geholt. Die Benutzung der Funktion HOL-ADV erlaubt die Analyse von Ausdrücken wie bien beaucoup de livres. Hat dieses Adv. in Zelle 1 das Merkmal [+quant] und wird die Funktion DE+N (mit Offset=1) wahr, so wird das de getilgt und das Adv. dem Substantiv, das nach der Tilgung von de in Zelle 2 liegt, mit der Rolle "quant" als linke Tochter adjungiert.

```
(4.28)    # A-Q+DE+N (u (# HOL-ADV 0)
                      (u (? 1 (f quant))
                         (u (# DE+N 1)
                            (u (0 2)
                               (u (? 1 (s quant))
                                  (u (+1 1 2)
                                     (o (# N-Q+DE+N 0)
                                        (t))))))))
```

Die Funktion N-Q+DE+N ist parallel zu A-Q+E+N aufgebaut. Als N-Q kommt jedes Nominalsyntagma in Frage: toutes les bouteilles de vin[42], deux bouteilles de vin, beaucoup de bouteilles de vin.

```
(4.29)    # N-Q+DE+N (u (# TOUT+N 0)
                      (o (u (? 1 (o (f cont)
                                    (f menge)))
                            (u (# DE+N 1)
                               (u (0 2)
                                  (u (? 1 (s quant))
                                     (+1 1 2)))))
                         (t)))
```

Diese Funktion wird immer wahr, wenn TOUT+N wahr wird. Dies ist nötig, um Gruppen wie les bouteilles zu analysieren. Die Analysestrategie ist also die, den Baum von unten links nach rechts oben aufzubauen. Liegt auf Zelle 1 eine Gruppe wie les bouteilles, dann kann de N folgen, muß aber nicht. Im ersten Fall wird die Gruppe in Zelle 1 Spezifizierer des zweiten N, das dadurch selbst in Zelle 1 rutscht. Im zweiten Fall bleibt das erste N einfach in Zelle 1 liegen und ist das Ergebnis der Analyse.

4.2.3 Determinantien

Unter die Klasse der Determinantien (Det.) fasse ich den best. Artikel, die Possessiv- und Demonstrativpronomen sowie die Formen von quel. Die Analyse verläuft parallel zu der der Quantoren mit dem Unterschied, daß an Stelle der Funktion HOL-N hier die Funktion Q+N steht.

```
(4.30)    # D+N (o (? 1 (u (f det)
                         (u (# Q+N 1)
                            (u (s det)
                               (u (? 2 (p *mod))
                                  (+1 1 2))))))
                 (# Q+N 0))
```

Determinantien spielen die Rolle "det".

------

42 zur Funktion TOUT+N siehe unten.

4.2.4 Tout/tous

Tou- unterscheidet sich von den anderen N-Spezifizierern dadurch, daß es vor einem Det stehen kann[43]: toutes les / ces mes amies. Die Funktion TOUT+N wird dieser Tatsache gerecht, akzeptiert aber auch viele ungrammatische Ketten, die mit tou- beginnen (z.B. *toutes quelles amies, *toutes amies, *tous plusieurs lits).

```
(4.31)    # TOUT+N (o (? 1 (u (f tout)
                             (u (# D+N 1)
                                (u (s quant)
                                   (u (? 2 (p *mod))
                                      (+1 1 2))))))
                     (# D+N 0))
```

Dies führt jedoch nicht zu Falschanalysen syntaktisch richtiger Ketten. Allerdings bedarf tou- bei der Übersetzung ins Deutsche besonderer Aufmerksamkeit[44].

4.2.5 Gesamtübersicht

Es ist die Aufgabe der oben skizzierten Funktionen, ein N und seine Spezifizierer zu analysieren und ihnen eine Struktur zuzuordnen. Der Wurzelknoten dieser Struktur, also das N, muß nach der Analyse in der ersten Speicherzelle liegen. Um alle möglichen Konstruktionen zu analysieren, ist ein Aufruf von A-Q+DE+N oder N-Q+DE+N nötig. Die folgende Funktion HOL-NP akzeptiert alle bisher besprochenen Konstruktionen und darüber hinaus Konstruktionen vom Typ de l- N, de Adj. N.

```
(4.32)    HOL-NP (o (# A-Q+DE+N 0 )
                    (o (# N-Q+DE+N 0 )
                       (u (? 1 (u (f prep)
                                  (f de)))
                          (u (o (u (? 2 (u (f art)
                                           (f det)))
                                   (u (? 3 (u (f noun)
                                              (o (f *pl)
                                                 (f msn))))
                                      (0 2)))
                                (u (# HOL-N 1 )
                                   (? 2 (o (f *pl)
                                           (f msn)))))
                             (? 2 (p *ind))))))
```

------

43 siehe Gross (1977:103ff.) für eine genaue Analyse von tou-.

44 vgl. hierzu Kap. 5

4.3 R-Strukturen im französischen Nominalsyntagma

Im Französischen kann ein Substantiv durch verschiedene Komplemente modifiziert werden.

Salkoff (1973:78ff.) unterteilt - ebenfalls mit dem Ziel der korrekten maschinellen Analyse - die "ajouts à droite du nom" (s.78) in zwei Haupttypen. Zum ersten Typ zählen kurze Ergänzungen wie Adj., Adverb und P N. Zum zweiten Typ gehören lange Ergänzungen wie Relativsätze und Partizipialkonstruktionen. Eine Kette der ersten Gruppe steht immer links von einem Element der zweiten Gruppe[45].

> les chaînes du premier groupe se succèdent à droite du nom dans un ordre relativement fixe; celles du deuxième groupe figurent plus librement après les premières, et leur ordre ne peut être aussi rigidement prescrit que pour les premières.
>
> (S.79)

Zu der Gruppe der "ajouts courts" zählen

(4.33) (1) Substantive: homme grenouille
(2) Adjektive: un homme élégant
(3) Präp. + N: un bateau à vapeur

Die Gruppe der "ajouts longs" enthält 14 Elemente, sodaß Salkoff insgesamt 17 verschiedene N-Komplemente unterscheidet.

(4.34)	(4) Adverb:	(la note) ci-dessous
	(5) Partizip Präsens:	(les hommes) venant de la guerre
	(6) Partizip Perfekt:	(l'homme) jugé responsable du crime
	(7) P N :	(un livre) d'un auteur aimant la musique
		(l'auteur) de ce livre
	(8) Adjektiv:	(une femme) qu'on connaît, très aimable, assez élégante
	(9) Relativsatz:	(l'homme) qui est venu
	(10) pour N de V X:	(l'impossibilité) pour nous de prévoir ce résultat
	(11) (de N) à V X:	(la tendance) des gens à ignorer les autres
	(12) que V:	(l'idée) que Marie en était capable
	(13) que V;Subjonctif:	(la crainte) que Pierre ne soit oublié
	(14) de N Part. Präs.:	(la description) de Pierre buvant son lait
	(15) de A:	(quelque chose) d'injuste
	(16) Apposition:	(l'Egypte), pays exotique
	(17) à V X:	(le problème) à résoudre (est très difficile)[46]

Der Form nach betrachtet kann diese Gruppe von Komplementen zu vier verschiedenen Typen zusammengefaßt werden.

Die durch eine Präposition eingeleiteten Gruppen (3), (7), (15) und (17)

------

45 siehe Abschnitt 4.2.3.3 für eine genauere Besprechung der Salkoffschen Analyse.

46 Alle Beispiele sind von Salkoff (1973:82ff.)

bilden ein präpositionales Komplement (P), dessen regierendes Element die Präposition ist[47]:

(4.35) a. bateau(*,à(*,vapeur(*)))

b. auteur(le(*),*,de(*,livre(ce(*),*)))

c. chose(quelque(*),*,d'(*,injuste(*)))

d. problème(le(*),*,à(*,résoudre(*)))

Die Gruppen (10) und (11) unterscheiden sich formal nicht von einer Konstruktion N P P. Sie können daher auch unter die Gruppe P gefaßt werden.

Die Gruppen (2) und (8) enthalten beide ein Adjektiv und können zusammengefaßt werden. Verschiedene Gründe sprechen dafür, auch die Partizipialformen (5) und (6) in diese Gruppe zu fassen. Wie Salkoff bemerkt können, Partizipien, die selbst keine Komplemente haben, die gleiche Position einnehmen wie Elemente der Gruppe (2)[48]. Elemente der Gruppe (2) hingegen nehmen die Positionen der Gruppen (5) und (6) ein, wenn sie Komplemente haben. Ich rechne daher Partizipien zur Gruppe der Adj.

Alle Nebensätze haben als regierendes Element das finite Verb (V). Daher fallen die Gruppen (9), (12) und (13) zur Gruppe V zusammen.

Schließlich bleiben noch die Gruppen (1), (14) und (16). Die Kerne der Gruppen (1) und (16) sind jeweils Substantive, sodaß diese beiden Gruppen zusammengefaßt werden könnten. Durch das Komma (oder die Sprechpause) rückt die Gruppe (16) aber in die allgemeinere Gruppe der appositiven Komplemente. Diese Gruppe umfaßt nicht nur Nominalsyntagmen sondern alle der eben aufgestellten vier Gruppen[49]:

(4.36) a. La CX, <u>qui</u> <u>entame</u> <u>sa</u> <u>quatrième</u> <u>année</u>, poursuit sa progression à pas sûrs.

b. l'arrivée sur le marché français d'un nouveau moteur, <u>plus</u> <u>nerveux</u> <u>et</u> <u>plus</u> <u>économique</u>

Von daher scheint es angemessener, diese appositiven Komplemente zu einer gesonderten Klasse zusammenzufassen[50].

Die Gruppe (14) ist insofern problematisch, als sie nach Salkoffs Analyse (wie auch die Gruppen (10) und (11)) eine links- und rechtsverzweigende

------

47 Dadurch werden die Gruppen natürlich anders struk-turiert. Vgl. die Betrachtung der Gruppe (14) unten.

48 vgl. Salkoff (1973:80)

49 vgl. Molitor 1977.

50 Im folgenden schließe ich appositive Komplemente aus der Betrachtung aus.

Struktur beinhaltet:

(4.37)

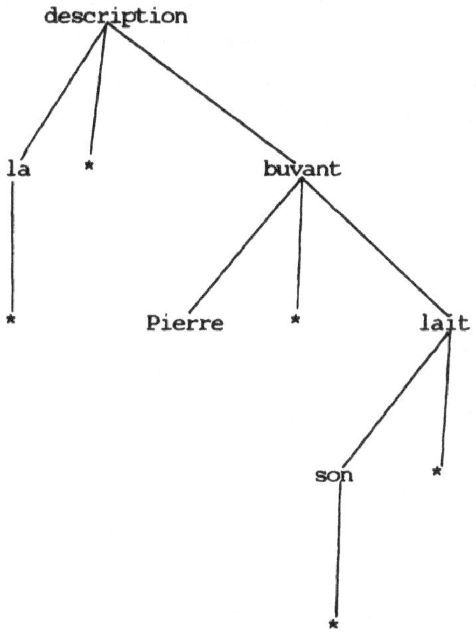

aus der sich, da ein Partizip auch Komplement eines Substantivs sein kann, eine LR-Ambiguität ergibt. Vgl.

(4.38)

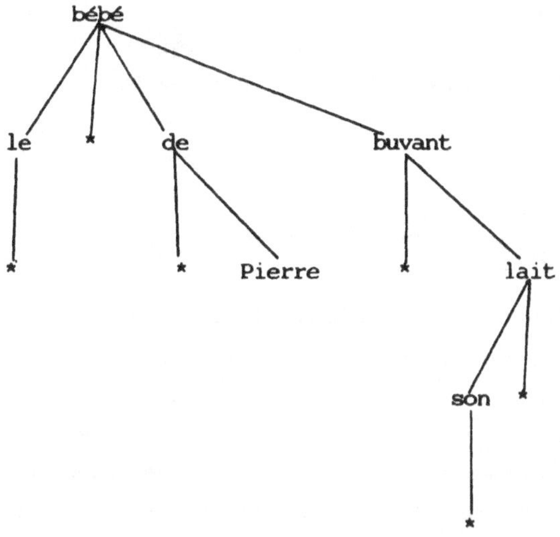

Dies wäre der einzige Fall von LR-Ambiguität innerhalb des frz. Nominalsyntagmas. Von daher ist es sicherlich ungünstig, Salkoffs Analyse beizubehalten. Auf der anderen Seite liefert Salkoffs Analyse sicherlich die richtige und für die Übersetzung ins Deutsche notwendige Struktur. (die Beschreibung, wie Pierre seine Milch trinkt / ?die Beschreibung von Pierre seine Milch trinkend / *die Beschreibung von seine Milch trinkenden Pierre. Ich schlage daher vor, Konstruktionen dieses Typs zunächst als R-Strukturen zu analysieren und in der Phase TRANSFORMATION1 in die Salkoffsche Struktur umzuformen.

Die neu ermittelten Gruppen werden durch die sehr allgemeinen Dependenzregeln

(4.39) a. N(...,*,[N],[Adj./P/V]*)
b. P(*,<N,V>)

beschrieben, die im Grunde nur den Tatbestand wiedergeben, daß im Französischen ein Substantiv durch ein weiteres Substantiv und eine ungeordnete Folge von Präpositionalgruppen, Adjektiven und Nebensätzen komplementiert werden kann. Die Syntax frz. N-Komplemente ist sehr "einfach" und wäre leicht zu analysieren, wenn nicht fast jede Folge von N-Komplementen strukturelle Ambiguitäten aufwiese.

In den folgenden Abschnitten werde ich für die Gruppen P und Adj. zeigen, wie diese Ambiguitäten (teilweise) maschinell aufgehoben werden können.

4.3.1 Analysestrategien

Die Strukturierung komplexer Nominalsyntagmen erfolgt nach dem in 3.2.3 beschriebenen "Baumlauf"-Algorithmus, der hier unter (4.40) wiederholt wird.

```
(4.40)  A:= Zelle 1
        B:= Zelle 1
        Wiederhole
           B:=rechte Tochter von B
           Wenn B für den VS eine bessere Mutter ist als A dann A:=B
        solange bis B der letzte Knoten unten rechts ist
```

Zunächst ist festzustellen, daß dieser Algorithmus in jedem Fall zu einer Strukturierung führt. Ist kein Knoten eine bessere Mutter für den VS, wird er an den Wurzelknoten des in Zelle 1 liegenden Baums adjungiert. Wir können die zu lösende Aufgabe nun sehr leicht darstellen: Um zu einer korrekten Strukturierung der Komplemente zu gelangen, muß die Relation "besser" bestimmt werden, d.h. wir müssen explizit angeben, unter welchen Bedingungen der Knoten B die bessere Mutter ist. Die Entscheidung ist formal in einer BMS Funktion "BESSER" darzustellen. Dem Baumlauf-Algorithmus entspricht die BMS-Funktion

```
(4.41)    BAUMLAUF (r (u (u (! 42)
                        (o (u (# BESSER 0)
                              (! 41))
                           (t)))
                     (# BAUMLAUF 0)))
```

42 = B
41 = A

Nehmen wir an, die Funktion BESSER liefere konstant den Wert wahr (BESSER (t)), dann wird jede neue Gruppe an den jeweils tiefsten Knoten adjungiert, sodaß eine geschachtelte Struktur entsteht. Im ungekehrten Fall (BESSER (n (t))) wird jeder neue Knoten dem Wurzelknoten adjungiert, sodaß eine breite Struktur entsteht. Die Funktion besser kann Informationen aus dem in Zelle 1 liegenden Baum und aus dem (den) Knoten des VS beziehen.

Die genaue Formulierung der Funktion BESSER setzt eine genaue Untersuchung der N-Komplemente voraus. Theoretisch können aber bereits jetzt drei Arten von "besser" unterschieden werden: B ist besser als A, wenn entweder (1) B gut ist und A nicht gut ist oder (2) B favorisiert wird und A nicht favorisiert wird oder (3) unter weiteren Umständen. Z.B. ist X dann nicht gut, wenn der VS ein Adjektiv ist und nicht in Numerus und/oder Genus mit X kongruiert, wie etwa pièces und précis in des catalogues de pièces détachées précis. Favorisiert wird ein VS z.B. dann, wenn er eine Valenz eines Substantivs ausfüllt, wie au Rallye Monte-Carlo und participation in la participation de trois CX Diesel au Rallye Monte-Carlo.

Die "default"-Strukturierung, die dann vorgenommen wird, wenn sowohl A als auch B gut, nicht gut, favorisiert oder nicht favorisiert sind und keine "weiteren Umstände" vorliegen, liefert eine breite Struktur.

Die folgende Beschreibung der N-Komplemente dient dazu, Kriterien für die Formulierung der Funktion BESSER zu finden.

4.3.2 Detailliertere Beschreibung der N-Komplemente

In diesem Abschnitt werden zunächst die N-Komplemente nach verschiedenen Gesichtspunkten klassifiziert. Das Ziel ist dabei, den verschiedenen Komplementen verschiedene Rollen und Merkmale, die für die weitere Analyse nützlich sind, zuzuordnen.

Darauf folgend werden die einzelnen Komplementtypen daraufhin untersucht, mit welchen MM sie eine der beiden Relationen "nicht gut" und "favorisiert" eingehen. Ferner werden die "weiteren Umstände" besprochen, die größtenteils

Restriktionen über die Reihenfolge der Komplementtypen betreffen.

Zur Klassifizierung der Komplemente müssen grundsätzlich drei verschiedene Kriterien unterschieden werden. Zunächst ist die Form der Komplemente zu berücksichtigen. Dies ist in unserem Fall recht einfach. Wir unterscheiden Adjektive und präpositionale Attribute (PA). Allerdings ist diese Unterscheidung für die Übersetzung von geringem Interesse, da nicht jedes frz. Adjektiv im Dt. durch ein Adjektiv wiedergegeben werden kann und andererseits die beste Übersetzung für ein frz. PA in einigen Fällen durch ein dt. Adjektiv zustande kommt:

(4.42) a. l'hélicoptère présidentiel
der Hubschrauber des Präsidenten

b. chambres de combustion en forme de coin
keilförmige Verbrennungskammern

Wichtiger als die Form ist die Bedeutung eines Komplements. So ist in (4.42) die gleiche Bedeutung im dt. und frz. durch verschiedene Konstruktionen ausgedrückt. Bei der Bedeutung kann unterschieden werden zwischen der Bedeutung der Lexeme, die hier durch das Lexikon festgelegt ist, und der Bedeutung der Konstruktion, d.h. wir nehmen an, daß eine bestimmte Konstruktion eine oder mehrere Bedeutungen trägt, die nicht in der Bedeutung der Lexeme enthalten ist. Die Bedeutung ist oft durch eine Paraphrase wiederzugeben, zu (4.42) etwa:

(4.43) a. der Hubschrauber, den der Präsident hat
b. die Form, die ein Keil hat

Da diese Paraphrase die zwischen dem Kern und dem Komplement bestehende Relation wiedergibt, nenne ich diese Bedeutung die Relationsbedeutung oder schlicht die Relation: Hubschrauber und Präsident stehen zueinander in der Relation des "Habens".

Die Klassifizierung der Komplemente nach Form und Bedeutung reicht aber nicht aus, wenn wir unter Bedeutung nur die Relationen im eben dargestellten Sinn verstehen. In den folgenden Beispielen liegt jeweils ein PA vor, das zum Kern in der "Haben"-Relation steht.

(4.44) a. la voiture du boucher
b. la voiture d'un boucher
c. les voitures des bouchers
d. des voitures de bouchers
e. une voiture de boucher

Die Übersetzungen variieren mit dem Gebrauch der Artikel:

(4.45) a. der Wagen des Metzgers
b. der Wagen eines Metzgers
c. die Wagen der Metzger
d. Wagen von Metzgern
e. ein Metzgerwagen

Man könnte annehmen, daß für die Übersetzung lediglich die Relation bekannt sein muß, und daß im übrigen eine Eins-zu-eins-Übersetzung der Artikel das richtige Ergebnis liefert. Folgende Beispiele machen aber deutlich, daß ein so einfacher Weg nicht gangbar ist:

(4.46) a. Sommeranzug
tenue d'été

b. Sonntagsanzug
tenue du dimanche

In beiden Ausdrücken handelt es sich um einen Anzug, den man zu einer bestimmten Zeit anzieht, sodaß die Relation sicherlich identisch ist. Trotzdem entspricht dem dt. Kompositum einmal eine frz. Konstruktion mit Artikel und einmal eine Konstruktion ohne Artikel. Carlsson (1966:30) macht auf ein Beispiel aufmerksam, in dem die Artikelfunktion genau umgekehrt ist:

(4.47) a. les journaux du dimanche
die Sonntagszeitungen

b. les journaux de dimanche
die Zeitungen von Sonntag

Eine rein formale "Übersetzung" der Artikel führt also nicht immer zum richtigen Ergebnis. Vielmehr muß die hinter den verschiedenen Determinierungen des zweiten Substantivs verborgene Art des Modifizierens erkannt werden und bei der Übersetzung durch die ihr im Deutschen adäquate Form wiederbgegeben werden.

Dies zeigt sich besonders deutlich in Fällen, in denen einem dt. PA oder Kompositum im Frz. ein Adjektiv entspricht, das ja per se nicht determiniert ist. In (4.42) wurde <u>présidentiel</u> durch <u>des Präsidenten</u> wiedergegeben. Dies ist eine korrekte Übersetzung in einem Satz wie

(4.48) La voiture présidentielle fut entourée par une foule de journalistes.

Der Wagen des Präsidenten wurde von einer Schar Journalisten umgeben.

In

(4.49) Jacques roule dans une bagnole présidentielle.
Jacques fährt einen Präsidentenschlitten.

hingegen ist die Übersetzung durch ein Kompositum vorzuziehen. Hieraus folgt aber, daß die jeweilige Form im Deutschen aus einer "tieferliegenden" ("Bedeutungs-")Struktur erzeugt werden muß. Da die (Paraphrasen-) Relation in den einzelnen Beispielen aber jeweils konstant ist, muß eine andere Bedeutungskomponente die zur Übersetzung notwendige Information enthalten. Da diese Information, wie zu zeigen sein wird, die Art des Modifizierens betrifft, nenne ich sie den Modus einer Relation. Wir können somit sagen, daß in (4.44) jeweils eine HABEN-Relation vorliegt, der Modus der Relation allerdings von Fall zu Fall unterschiedlich ist.

4.3.2.1 Die Rollen

Zur Klassifizierung der Relationen orientiere ich mich an Droops Untersuchung zum dt. präpositionalen Attribut.

Droop (1977:147ff.) führt in seiner Untersuchung über das deutsche PA neben sieben "syntaktisch motivierten Klassen" (S.165ff.) 25 "semantisch motivierte" Komplementklassen (S.171ff.) auf:

(4.50) I,1) Agentia: Einstellung von Arbeitskräften durch die Firma
construction de la voiture par les ouvriers
I,2) Dreigliedrige Syntagmen: die Kritik an der Aufführung
son envie d'une cigarette
I,3) Infinitve: die Gelegenheit zum Handeln
son aptitude à chanter
I,4) Präp. Obj. - Adj.: seine Abhängigkeit von Medikamenten
sa dépendance de Paul
une ouverture du véhicule vers l'extérieur
I,6) Subjekt - Aktiv: das Fehlen von Material
le manque de denrées alimentaires
I,7) Subjekt - Passiv: die Einstellung von Arbeitskräften
la construction de voiture
II,1) Art: diese Kategorie von Wörtern
une première catégorie de centrales à inertie
II,2) Bedarf / Vorhandensein: der Bedarf an Wohnungen
le manque de riz
la pénurie extrême de riz
II,3) Empfänger: das Geschenk für Klaus
le cadeaux de / pour Jacques
II,4) Finalia: das Mittel zur Unkrautvertilgung
un moyen de transport
II,5) Instrumentalia: die Fahrt mit dem Auto
le trajet en automobile
II,6) Kausalia: die Dürre aufgrund der Trockenheit
les accidents dûs à l'alcoolisme
II,7) Konzessiva: unsere Fahrt trotz des Regens,

seine Genesung entgegen allen Erwartungen
*voyage malgré la pluie

II,8) Kriterium: die Nutzfahrzeuge im Sinne von § Z
véhicules utilitaires au sens du/selon le/§ 234

II,9) Dynamische Lokalia: die Fahrt nach Frankfurt, Tür zum Garten
le train de Paris, un voyage à Paris

II,10) Statische Lokalia: unser Aufenthalt in Berlin
notre séjours à Berlin,
?*le livre sur la table

II,11) Maß: ein Winkel von 45 Grad
un angle de 45 degrés

II,12) Menge: eine Schar von Kindern
une foule d'enfant

II,13) Merkmal-Mit: der Mann mit dem Hut, ein Mann ohne Hut
l'homme au chapeau, un homme sans chapeau

II,14) Merkmal-Voll: ein Garten voller Blumen
un jardin plein de fleurs

II,15) Merkmal-Von: eine Frage von großer Bedeutung
une question de grande importance

II,16) Modalia: die Kirche im gotischen Stil
une église de style gothique

II,17) Partner: unsere Fahrt mit den Eltern
notre voyage avec les parents

II,18) Produzent: der neue Roman von Böll
le nouveau roman de Böll

II,19) Stoff: eine Vase von Meißner Porzellan
une maison de / en bois

II,20) Temporalia: das Bild aus dem 19. Jh.,die Konferenz am Montag
la conférence de lundi

II,21) Thema: das Lied von den Fischern
la chanson des pêcheurs

II,22) Vergleich: Karls Vorsprung gegenüber Klaus,
der Nachteil dieses Brotes gegenüber jenem
l'avance de Paul sur Jacques
le désavantage de cette méthode par rapport à
cette autre

II,23) Vorgang: die Sache mit dem Grunddeutsch
le problème avec les étudiants

II,24) Wunsch: der Wunsch nach Freiheit
le désir de paix

II,25) Zugehörigkeit: das Fahrrad von Paul, Wipfel von Bäumen,
der Bürgermeister von Mainz
le vélo de Paul[51]

Droop kommt zu diesen Klassen durch die "Explikation" des PA durch einen Relativsatz[52]. (S.39ff.,S.88ff.). Z.B. wird der Zug aus Köln auf die Konstruktion der Zug, der aus Köln kommt zurückgeführt. Allerdings weist Droop ausführlich darauf hin, daß diese Zurückführung in vielen Fällen nicht ausreicht, um alle PA zu erklären (S.96ff.). In seine Klassifikation gehen neben der Paraphrase durch einen Relativsatz noch die Merkmale der invol-

------

51 frz. Beispiele von mir (H.-U. B.)

52 siehe hierzu auch Steinitz 114ff.

vierten Substantive und Präpositionen ein. So ist z.B. ein Kriterium für die Gruppe "Stoff", daß der Kern der Konstruktion ein Konkretum ist. Weiterhin diskutiert Droop die einzelnen Gruppen und gibt jeweils an, worin sie sich von einer Nachbargruppe unterscheiden.
In unserem Zusammenhang ist Droops Untersuchung in mehrfacher Hinsicht von Interesse. Zum einen erlaubt seine exhaustive Übersicht über die deutschen PA einen Vergleich mit den entsprechenden französischen Konstruktionen und zum anderen mit dem dt. Kompositum. Während im Deutschen zwischen Kompositum und PA ein Unterschied in der Struktur (L-Struktur, R-Struktur) besteht, ist dieser Unterschied im Frz. nicht festzustellen. Außer vorangestellten Adjektiven weist das frz. NS eine R-Struktur auf, sodaß zwischen Kompositum und PA kein struktureller Unterschied besteht[53].

In der obigen Gegenüberstellung ist auffallend, daß verschiedene dt. PA-Typen (Konzessiva, Kausalia und Merkmal-Voll) im Französischen nicht durch ein "reines" PA wiedergegeben werden können. Dies entspricht der Tatsache,

> [...] que le français n'admet pas toujours q'un complément prépositionnel introduit par une préposition lourde (=toute préposition sauf de) se rattache directement à un nom (type le livre sur la table); le complément se rapporte normalement à la proposition entière, ou, si l'on veut, au verbe. [...]
>
> Pour traduire ces phrases (wie eng. The book on the table in the bedroom is black., H.-U. B.) on peut dire p.ex. le livre/qui est/posé sur la table de la chambre est noir. On remplace donc la préposition lourde ou bien par de ou bien par une construction périphrastique participiale ou relative.
>
> (Danell 1977:9)

Aus Droops Vergleich der PA mit Komposita (S.139ff.) geht hervor, daß es nicht zu allen Gruppen entsprechende Kompositabildungen gibt. Auf der anderen Seite finden wir Komposita, die nur schwer in eine PA-Konstruktion mit einer einfachen Präposition umgeformt werden können, vgl. Tränengas (??=Gas für Tränen), Honigbiene etc. Es ist interessant zu sehen, welche Konstruktionen den Komposita im Französischen entsprechen.

Dem dt. Kompositum entspricht im Frz. meist eine der folgenden Konstruktionen:

(4.51) a. Substantiv + Substantiv:

station service / Servicestation

------

53 Es gibt einige Komposita-Bildungen, wie autoroute, auto-école etc., die dem widersprechen. Der Typ der Linksverzweigung ist aber im Frz. nicht produktiv.

b. Substantiv + Relationsadjektiv (RA)[54]

poste aérienne / Luftpost

c. Substantiv + de + Substantiv:

chien de berger / Schäferhund

d. Substantiv + à + Substantiv:

bateau à vapeur / Dampfschiff

Auch bei diesen Konstruktionen kann die Relation zwischen Kern und Komplement durch einen Satz expliziert werden.

> [Es] scheint [...] angemessen, die verschiedenen Typen dieser Wortklasse (der RA, H-.U. B.) nach der Art und Weise ihres Determinierens, das heißt, nach der jeweiligen logischen Relation zu klassifizieren, die zwischen dem determinierten und dem determinierenden Glied eines solchen Syntagmas etabliert wird. [...]
>
> Diese logische Relation kann mit Hilfe eines einfachen Satzes wiedergegeben werden.
>
> (Wandruszka 1972:27)

Z.B. entspricht in voyage présidentiel die Relation von présidentiel zu voyage der Relation von Subjekt zu Verb in dem Satz le président voyage. In vielen Arbeiten wird diese Beziehung von Satz und N RA-Konstruktion entweder als Paraphrasenrelation dargestellt oder im Sinne der Transformationsgrammatik als eine Ableitungsbeziehung[55].

Ohne einen extensiven Überblick über die einzelnen Arbeiten geben zu wollen, ist es doch sinnvoll, auf zwei unterschiedliche Beschreibungen einzugehen, nämlich zum einen auf die sich auf Rohrer (1967) beziehenden Arbeiten und zum anderen auf die Arbeiten von Levi (1978), die der Schule der generativen Semantik zuzuordnen ist.

Rohrer untersucht in seiner Arbeit französische NN-Komposita nach dem von Lees (1960) für englische Komposita entwickelten transformationellen Beschreibungsmodell. Hiernach werden Komposita aus zugrundeliegenden Sätzen transformationell abgeleitet. Den Komposita in (4.52) liegen z.B. die Sätze in (4.53) zugrunde:

(4.52) a. chatte cosmonaute
b. wagon-restaurant
c. cravate papillon
d. station service

------

54 Ich verstehe unter RA ein denominales Adjektiv, das nicht prädikativ gebraucht werden kann. Zum frz. RA s. Bartning (1976) u. Stephany (1969:66).

55 vgl. Wandruszka (1972), Levi (1978), Bartning (1976), Rohrer (1977).

(4.53) a. la chatte est cosmonaute
b. le wagon est un restaurant
c. la cravate est comme un papillon
d. la station rend service

(vgl. Rohrer 1977:69ff.)

Rohrer entwickelt keinen formalen Transformationsapparat, sondern benutzt die aus seiner eigenen Intuition und der seiner Informanten gewonnenen Sätze als ein Klassifikationskriterium für die NN-Formen. Dies erlaubt ihm, die Komposita in sieben Typen zu unterteilen:

(4.54) a. Subjekt - Attribut: chatte cosmonaute
b. Subjekt - mediales Objekt: cigarette-filtre
c. Verb - Subjekt: Sonnenuntergang (frz. nicht belegt)
d. Subjekt - dir. Objekt: station service
e. Verb - direktes Objekt: prévention-incendie
f. Subjekt - "complément circonstantiel": siège passager
g. Objekt - "complément circonstantiel":
(i) Complément - Obj.: pause-café
(ii) Obj. - complément: café-filtre

Zur Beschreibung der N-RA-Konstruktionen hat Wandruszka (1972) dieses Klassifikationsschema verallgemeinert. Er unterscheidet die vier großen Klassen Subjekt, Verb, Objekt und PP, die er im einzelnen noch weiter untergliedert (S. 41ff.). Die Klassifizierung der Konstruktionen erfolgt nun nach dem Platz, den "Determinans und Determinatum" (hier Kern und Komplement) in dem entsprechenden Satz einnehmen[56]. Dies erlaubt Wandruszka eine Kreuzklassifizierung der Konstruktionen nach folgendem Schema:

(4.55)

	Determinans			
Determinatum	Subjekt	Verb	Objekt	PP
Subjekt	a	-	b	c
Verb	d	-	e	f
Objekt	g	-	-	h
PP	i	-	j	-

(4.56) a. globe terrestre
b. vache laitière
c. plante alpestre
d. contrôle ouvrier
e. transfusion sanguine
f. voyage terrestre, visite nocturne, travail manuel
g. palais ducal
h. expérience spatial, trêve matinale

------

56 vgl. Wandruszka 1972:41ff. und 100

i. lit fluvial, période mérovingienne
j. piste expérimentale, séjour linguistique

Wandruszka stellt weiterhin die N RA-Konstruktionen den N de N- und N à N-Konstruktionen gegenüber. Hierbei zeigt sich, daß eine Relation auf verschiedene Arten realisiert werden kann. Ein sehr illustratives Beispiel bilden die den deutschen X-Zähler-Ausdrücken entsprechenden frz. Formen:

(4.57)	a. compte-tours	Tourenzähler
	b. compteur kilométrique	Kilometerzähler
	c. compteur de miles	Meilenzähler
	d. compteur à eau	Wasserzähler

Um einen Überblick zu geben, habe ich Wandruszkas Ergebnisse in der folgenden Tabelle zusammengefaßt[57].

(4.58) Tabellarische Übersicht der Paraphrasenpositionen von NN, N-RA und N-P N bei Wandruszka

	Determinans			
	Subjekt	Verb	Objekt	PP
Determinatum				
Subjekt	RA,N,de	de	RA,N,de,à	RA,N,de,à
Verb	RA,de	0	RA,N,de,à	RA,N,de,à
Objekt	RA,N,de,(à)(N),à	0		RA,N,de,à
PP	RA,N,de	N,de,à	RA,N,de,à	0

Von besonderem Interesse ist Wandruszka Darstellung der "Zweck-Lesarten". Während Rohrer Komposita dieses Typs durch "N_1 est pour N_2" paraphrasiert, stellt Wandruszka fest, daß die Lesart "N_1 für N_2" sich über die verschiedensten syntaktischen Relationen als zusätzliche Bedeutung legen kann. So haben die englischen Komposita gunpowder und ashtray zwar beide die Lesart "N_2 für N_1", allerdings die verschiedenen Satzparaphrasen: "Put N_2 into N_1" und "Put N_1 into N_2". Wandruszka führt weiter den frz. Ausdruck voiture d'enfant an, der zwischen den Lesarten "Die Kinder spielen mit dem Auto" und "Jemand fährt das Kind in dem Auto" ambig ist. Diese Mehrdeutigkeit kann eine reine "für-Paraphrase" nicht erklären, da diese in beiden Lesarten möglich ist[58].

In der folgenden Tabelle habe ich die Konstruktionstypen angeführt, die nach Wandruska eine "für-Lesart" erlauben[59].

------

57 die Tabelle bezieht sich auf die Tabellen auf den Seiten 100, 164, 209 und 210 in Wandruszka 1972.

58 vgl. Wandruszka 1972:83 ff.

59 siehe Fn. 57

(4.59) "FÜR"-Lesarten

	Determinans			
Determinatum	Subjekt	Verb	Objekt	PP
Subjekt	-	-	+	-
Verb	-	0	-	-
Objekt	+	+	0	+
PP	+	+	+	0

Wandruszka unterscheidet weiterhin lokale, temporale und instrumentale PPs. Die Relation Objekt wird unterteilt in "middle object" ("Besitz-Besitzer", "Teil-Ganzes"), Prädikatsnomen (Singularisches Subjekt, Pluralisches Subjekt) sowie Objekte anderer Verben. (S.41ff.).

Neben diesen auf die Satzparaphrase zurückgehenden Relationen beschreibt Wandruszka eine weitere Relation, die nicht aus einer Satzparaphrase hervorgeht: A "betrifft" B: politique hospitalière.

> [...] Wir [sind] hier an der Grenze der syntaktischen Definierbarkeit von Relationsadjektivkonstruktionen angelangt, an der ihre Zurückführung auf verschiedene Satztypen nicht mehr in derselben Weise für das Verständnis der Bildungen relevant ist.
>
> (Wandruszka 1972:91)

Eine andere Klassifizierung schlägt Levi (1978) vor. Levi untersucht englische NN-Komposita und RA N-Konstruktionen mit Methoden der generativen Semantik. Sie führt neun abstrakte "wiederauffindbar tilgbare Prädikate" (recoverably deletable predicates (RDP)) ein und stellt die These auf, daß alle (englischen) systematisch bildbaren NN und RA N-Konstruktionen auf eine Relativsatzkonstruktion zurückgehen, deren Prädikat eins dieser neun RDP ist. Drei RDP erlauben neben der Aktiv- auch die Passivkonstruktion, sodaß jedes Kompositum theoretisch höchstens 12-fach ambig ist. Im einzelnen finden wir folgende RDPs[60]:

(4.60)			
	a. CAUSE	Tränengas	Drogentod
	b. HAVE	Bilderbuch	Polizeiauto
	c. MAKE	Honigbiene	Bienenhonig
	d. USE	Dampfwalze	Walzdampf
	e. BE	Professorenfreund	
	f. IN	Feldmaus	
	g. FOR	Pferdedoktor	
	h. FROM	Olivenöl	
	j. ABOUT	Linguistikvorlesung	

Eine zweite Gruppe von NN-Komposita bilden nach Levi diejenigen, deren Kern

------

60 Ich habe hier die englischen Beispiele durch entsprechende deutsche Komposita ersetzt.

eine nominalisierte Verbform ist. Sie unterscheidet vier Typen der Nominalisierung:

a. Act Nominalizations
   parental refusal — 'act of parents refusing'
   musical critism — 'act of critizising music'
b. Product Nominalizations
   human error — 'that which is produced by (the act of) humans erring'
   musical critique — 'that which is produced by (the act of) critizing music'
c. Agent Nominalizations
   mail sorter — 'x such that x sorts mail'
   film cutter — 'x such that x cuts film'
d. Patient Nominalizations
   student invention — 'y such that students invent y'
   presidential appointee — 'y such that presidents appoint y'

Die vier Arten der Nominalisierung werden weiter unterschieden nach der syntaktischen Funktion des Modifizierers. Levi unterscheidet hier nach "subjective", "objective" und "Multi-Modifier"-Komposita. Multi-Modifier-Komposita sind solche, bei denen sowohl Objekt als auch Subjekt im Kompositum realisiert sind (industrial water pollution). Somit ergeben sich acht Kombinationsmöglichkeiten:

	Subjective	Objective	Multi-Modifier
Act	parental refusal	dream analysis	city land acquisition
Product	clerical errors	musical critique	student course rating
Agent	-	city planner	-
Patient	student inventions	-	-

(Levi 1978:174)

Die meisten der so entstandenen Gruppen finden sich auch in frz. kompositaähnlichen Konstruktionen:

(4.61) a. Objective: l'élection présidentielle
b. Objective: organisation syndicale
c. Objective: producteur de voiture
d. Subjective: le voyage présidentiel
e. Subjective: revendications féminines
f. Subjective: employé ministériel
g. CAUSE: maladie à virus
h. HAVE: culture populaire
i. MAKE: volet metallique
j. CAUSE: gas lacrymogène
k. HAVE: tarte aux pommes
l. MAKE: vache laitière
m. USE: travail manuel
n. BE: langue cible
o. IN: guérilla urbaine
p. FOR: manuel scolaire

q. FROM: énergie solaire
r. ABOUT:discussion politique

Die Beispiele in a. und b. und d. und e. verdeutlichen den Unterschied zwischen Aktions- Produktnominalisierung, die in c. und f. illustrieren Aktor- und Objektnominalisierungen.

Die (dt.) Komposita, die keine direkte Entsprechung in einem PA haben, sind die aus den RDP CAUSE, MAKE und USE gebildeten Komposita. Diesem Typ entspricht im Frz. meist eine Konstruktion vom Typ N àN: vache à lait, pompe à main. Die Präposition à findet sich noch in den Konstruktionen, in denen nach Wandruszka eine "für"-Lesart ausgedrückt ist sowie in der durch "Kern hat Komplement" zu paraphrasierenden Relation (tartes aux pommes), die in etwa der Droopschen Klasse "Merkmal-Mit" entspricht. Diese Klasse unterscheidet sich von allen anderen (ausg. Modal) dadurch, daß die widerspruchsfreie Kombination von verschiedenen Komplementen dieses Typs einmal als Kompositum und einmal als PA möglich ist, während in allen anderen Fällen eine solche Kombination unmöglich ist, vgl. z.B.

(4.62) a. ein Durst auf Milch und auf Bier
b. *ein Durst auf Milch auf Bier
c. *ein Bierdurst auf Milch

(4.63) a. das Fahren in Etappen und mit hoher Geschwindigkeit
b. das Fahren in Etappen mit hoher Geschwindigkeit
c. das Etappenfahren mit hoher Geschwindigkeit

(4.64) a. ein Hut mit einer Feder und mit einem breiten Band
b. ?*ein Hut mit einer Feder mit einem breiten Band
c. ein Federhut mit breitem Band

Wie in 4.2.3.3 gezeigt wird, verhält sich diese Gruppe auch bezüglich der Position, die ein Komplemente dieses Typs einnimmt, anders als die anderen frz. mit à eingeleiteten Komplemente. Auch die Unterscheidung der Relationen nach den RPD MAKE, USE und CAUSE ist für die Reihenfolge der Komplemente relevant.

In den folgenden Abschnitten stelle ich eine Klassifizierung der frz. Komplemente vor, die hauptsächlich auf Droops Klassifizierung des dt. PA basiert und die Kompositaklassifikation von Wandruska und Levi berücksichtigt. Die Relationen werden dabei als Rollen[61] aufgefaßt, die die einzelnen Komplemente spielen.
Es sei hier noch einmal an den Status der Rollen in dem Übersetzungssystem erinnert: Rollen unterscheiden sich im Prinzip von Merkmalen nur dadurch,

------

61 vgl. Abschnitt 2.1.1.1.1.2

(1) daß sie bei dem lexikalischen Transfer von Quellsprache zur Zielsprache nicht ausgetauscht werden und, (2) daß eine BMS-Funktion definiert ((. n m)) ist, die zwei Knoten daraufhin untersucht, ob sie die gleiche Rolle spielen. Die hier vorgeschlagenen Rollen können also etwa verstanden werden als die Zusammenfassung verschiedener Merkmalkonfigurationen unter einem zentralen Begriff. Ihre Definition ist in erster Linie unter diesem eher pragmatischen Aspekt erfolgt[62].

4.3.2.1.1 Objekt (obj)

Diese Rolle entspricht größtenteils der "objective"-Funktion (s.o) bei Levi (1978:169ff.) und der Klasse Subjekt-Passiv bei Droop. Die Objektrolle kann im Französischen durch verschiedene Konstruktionen ausgefüllt werden:

(4.65) a. production d'automobiles
Automobilherstellung/Herstellung von Automobilen

b. la production de cette voiture
die Herstellung dieses Wagens

c. l'analyse du langage
Die Sprachanalyse

d. alliage d'aluminium
Aluminiumlegierung

e. transplantation cardiaque
Herztransplantation

f. un vendeur de cacahuettes
ein Erdnußverkäufer/ein Verkäufer von Erdnüssen

g. une pompe à air
eine Luftpumpe

h. serrure de boîte à gants
Handschuhfachschloß

i. thermomètre d'huile à distance
Ölfernthermometer

j. navire pétrolier
Öltanker

Konstruktionen mit unspezifischen Objekten können im Deutschen durch ein Kompositum übersetzt werden (a.). Dies ist auch möglich, wenn das Objekt generisch oder unik ist (c.). Levis Unterscheidung in Aktions- und Produkt-

------

62 Eine wirklich genaue Fassung der Rollen scheint beim derzeitigen Stand der Forschung unmöglich. Neben einigen Standardrollen wie Agens, Instrumental etc. benutzt jeder "seine eigenen" Rollen mit mehr oder weniger überzeugender Begründung. So können auch die hier vorgeschlagenen Rollen nicht als endgültig betrachtet werden. Für einen guten Überblick über Tiefenkasus in der A.I.-Forschung siehe Rosner u. Somers 1980.

nominalisierungen erweist sich als nützlich, um Konstruktionen wie d. zu erklären, die sich nach "oben" wie Konkreta, nach "unten" wie Nominalisierungen verhalten und weder "actor"- noch "product"-Eigenschaften haben. e. ist ein Beispiel für eine RA-Konstruktion, in der das RA im Deutschen unbedingt durch ein Substantiv übersetzt werden muß.

Die nächsten Fälle sind problematischer als die ersten. Hier liegt jeweils kein deverbaler Kern vor. Trotzdem ist ein verbales Element spürbar. In pompe ist dies eindeutig durch das entsprechende Verb pomper ersichtlich. Die anderen Kerne sind "assoziativ" mit einem Verb verbunden. Wenngleich die "Verbalität" dieser Sustantive nicht in jedem Fall eindeutig auszumachen ist, muß sie angenommen werden. Ein Kompositum wie Messer ist z.B. so eindeutig mit dem Verb schneiden verbunden, daß das Kompositum Brotmesser nur als "Messer zum Schneiden von Brot" und nicht etwa als "Messer zum Transport von Brot" etc. verstanden werden kann. Konkreta, die eindeutig ein Verb auf diese Art "inkorporiert" haben, werden als solche im Lexikon vermerkt[63]. Der Verbale Gehalt solcher Substantive wird besonders an i. deutlich. Das Komplement à distance ist syntaktisch ein Adverbial, das sich nicht auf Konkreta beziehen kann, vgl. *une pierre à distance. Der Begriff des "Messens" in Meter erlaubt aber diese Komplementierung. Konstruktionen der letztgenannten Art haben meistens eine "für"-Lesart.

4.3.2.1.2 Subjekt (subj)

(4.66)
a. le voyage du président
   die Reise des Präsidenten
b. le voyage d'un président
   die Reise eines Präsidenten
c. l'invention d'un étudiant
   die Erfindung eines Studenten
d. une invention étudiantine
   eine Studentenerfindung
e. une provocation policière
   eine Polizeiprovokation
   eine Provokation durch die Polizei
f. un jouet pour enfant
   ein Kinderspielzeug
   ein Spielzeug für Kinder
g. le siège du scooteur pour enfant
   der Kindersitz des Motorrollers

------

63 siehe Fillmore 1972:115ff. Eine andere Gruppe von Konkreta hat kein bestimmtes inkorporiertes Verb, vgl. etwa Stein, Hügel etc.

der Motorrollerkindersitz

h. école de commerce pour jeunes filles
Mädchenhandelsschule

Die Beispiele a. und b. zeigen den "Normalfall" der Rolle Subjekt. c. und d. verdeutlichen die "product"-Nominalisierung, d. zeigt die Möglichkeit eines RA in dieser Konstruktion.

Noch zweifelhafter als die Objekte von Konkreta erscheinen die Subjekte in f. bis h. Es gilt aber auch hier zunächst, daß das Verb in f. und g. morphologisch im Kern feststellbar ist. Ferner ist der Unterschied zu Komplementen, die eine "normale" pour-Verwendung haben deutlich: das durch pour eingeleitete Substantiv steht ohne Artikel und im Singular, vgl.: *notre cadeau pour ami. Subjekte von Konkreta haben immer eine "für"-Lesart.

4.3.2.1.3 Dativ (dativ)

(4.67) a. affectation d'un montant de 25 millions d'UC au financement de ces projets
die Zuweisung einer Summe von 25 Millionen VE an die Finanzierung dieser Projekte

b. l'extension de l'analyse locale à des classes de mots
die Ausweitung der lokalen Analyse auf Klassen von Wörtern

Die Gruppe der Dative umfaßt ausschließlich Komplemente von deverbalen Substantiven, die eine Valenz mit à haben. Die Trennung dieser Gruppe von der Klasse PO ist durch die relative Häufigkeit dieser Gruppe begründet. Während PO-Komplemente durch Lexikonregeln gesucht werden, werden Dative in der Grammatik behandelt. Weiterhin ist der Dativ durch (hier nicht behandelte) Konstruktionen vom Typ On lui a cassé la gueule / Man hat ihm die Schnauze poliert, in denen er nicht durch ein Verb selegiert ist, motiviert.

4.3.2.1.4 Präp.Obj. (PO)

(4.68) a. études sur la langue
Studien über die Sprache

b. ravitaillement en denrées alimentaires
Versorgung mit Nahrungsmitteln

c. la remise en activité de l'usine
die Wiederinbetriebnahme der Fabrik

Diese Konstruktionen sind dadurch gekennzeichnet, daß in jedem Fall der Lexikoneintrag des Kernlexems die Regeln enthält, die das Komplement aussuchen (s. 2.1.1.2.1). Es handelt sich hierbei um idiosynkratische Präpositionenwahl oder um eine Gruppe von Konstruktionen, die wenig Elemente enthält, sodaß ihre Behandlung in der Grammatik nicht lohnt.

4.3.2.1.5 Agens (agens)

(4.69) a. la description de la maison par le locataire
die Beschreibung des Hauses durch den Pächter

b. un livre de Sartre
ein Buch von Sartre

Agensausdrücke werden in Aktionsnominalisierungen durch par, weniger durch de eingeleitet. Dem Agensausdruck in Nominalisierungen (und Passivsätzen) entspricht das Subjekt eines Aktivsatzes. Subjekt und Agens können also nie zusammen vorkommen. Daß sie trotzdem unterschieden sind, ist durch Konstruktionen wie b. begründet, in denen de Sartre nicht als Subjekt aufgefaßt werden kann[64].

4.3.2.1.6 Instrument (instr)

(4.70) a. entraînement par arbre
Wellenantrieb

b. analyse automatique
automatische Analyse

c. l' établissement de classes de mots à l'aide d'algorithmes
die Aufstellung von Wortklassen mit Hilfe von Algorithmen

d. la première traversée du Sahara en automobile
die erste Automobildurchquerung der Sahara

e. une scie à main, moteur
eine Hand-, Motorsäge
bagages à main
Handgepäck
moulin à vent
Windmühle

f. roulement à billes
Kugellager

------

64 Dem Subjekt entspräche hier eher der Possessiv, vgl.

les livres de Sartre de mon copain
ses livres de Sartre
*ses livres de mon copain

?la description de la maison de Jean-Jacques
sa description de la maison
*sa description de Jean-Jacques

suspension à barres de torsion
Drehstabfederung
frein à disque
Scheibenbremse

g. système d'allumage à condensateur
Kondensatorzündung/zündsystem

Zunächst sind in dieser Rolle durch par oder à l'aide de eingeleitete Komplemente eines deverbalen Kerns zu nennen. In Aktionsnominalisierungen ist à l'aide de wesentlich häufiger anzutreffen. Verschiedene Bezeichnungen von Fortbewegungsmitteln werden durch en, andere durch à eingeleitet[65].

Bezeichnet der Kern ein Konkretum, so gibt die Intrumentalrolle den Gegenstand oder die unbelebte Kraft an, der bzw. die zur Ausführung der mit dem Kern verbundenen typischen Handlung benutzt wird bzw. die die Ausfürung dieser Handlung ermöglicht. Die Annahme dieser Rolle bei Konkreta ist durch ihr syntaktisches Verhalten begründet. Système de-N-Konstruktionen verhalten sich bezüglich dieser Rolle wie Konkreta, die assoziativ mit einem Verb verbunden sind, wobei in diesem Fall das Verb durch das deverbale N ausgedrückt wird.

4.3.2.1.7 source (sourc)

(4.71) a. le transport du sable de la fosse du saut en hauteur à la fosse du saut en longueur
der Transport des Sandes aus der Hochsprunggrube in die Weitsprunggrube

b. le retour de JJ de Paris
die Rückkehr von JJ aus Paris

c. le train de Paris
der Zug aus Paris

Diese Rolle bezeichnet den Ort, von dem aus sich etwas bewegt. Dieses Etwas kann entweder durch das Objekt, das Subjekt oder den Kern selbst ausgedrückt werden. Konkreta, die ein Transportmittel bezeichnen, haben im allgemeinen diese Eigenschaft.

4.3.2.1.8 goal (goal)

(4.72) a. transfert de ressources vers les zones moins favorisées de la communauté
Transfer von Ressourcen in die weniger favorisierten Zonen der Gemeinschaft

------

65 Vgl. Grevisse (1975:974f.)

b. le train de Paris
der Zug nach Paris

Diese Rolle bezeichnet den Ort, zu dem sich etwas bewegt. Ansonsten gilt hier das gleiche wie für "source".

4.3.2.1.9 Lokalangabe (local)

(4.73) a. l'évolution des prix du sucre sur le marché mondial
die Entwicklung des Zuckerpreises auf dem Weltmarkt

b. la pénurie des munitions sur le front
die Munitionsknappheit an der Front

c. le nouveau magasin de pièces de rechange à Paris
das neue Ersatzteillager in Paris

Diese Rolle bezeichnet den Ort, an dem sich eine Handlung abspielt oder sich Objekte befinden. Bezeichnungen der Herkunft eines Objekts fallen nicht unter diese Gruppe.

4.3.2.1.10 Zeitangabe (temps)

(4.74) a. la première traversée du Sahara en 1923
die erste Durchquerung der Sahara im Jahre 1923

Diese Rolle bezeichnet die Zeit, zu der eine Handlung stattfindet oder stattgefunden hat. Typische Präpositionen sind en und à. Konkreta oder Produktnominalisierungen haben typischerweise keine Rolle "temps". (s.u.)

4.3.2.1.11 Modal (modal)

(4.75) a. production en série
Serienproduktion

b. transport en commun
öffentlicher Personenverkehr

c. une analyse en chaînes de phrases
eine Kettenanalyse von Sätzen [stringgrammar]

d. l'articulation sans fin de chaînes du discours
die unendliche Äußerung von Diskursketten

Diese Rolle ist nur bei deverbalen Kernen möglich. Sie entspricht einer adverbialen Ergänzung der Art und Weise im Satz.

4.3.2.1.12 Konditional (kond)

(4.76) a. une puissance 75 CH-DIN à 4500 tours/minute
eine Leistung von 75 PS bei 4500 Umdrehungen/Minute

b. le prix d'achat
der Ankaufspreis

c. les problèmes de compression de code
die Probleme bei der Kodekomprimierung

d. orientation au montage du piston
Orientierung bei der Montage des Kolbens

Diese Gruppe beinhaltet die logische und zeitliche wenn-dann-Beziehung.

4.3.2.1.13 Form (form)

(4.77) a. une chambre de combustion en forme de coin
eine keilförmige Brennkammer

b. une toupie de forme sphérique
ein kugelförmiger Kreisel

c. une règle de la grammaire de la forme XYZ
eine Grammatikregel der Form XYZ

d. une cascade de possibilités sous la forme d'une arborescence des possibilités
eine Kaskade von Möglichkeiten in der Form eines Baumgraphen der Möglichkeiten

e. la clef en col de cygne
der Schwanenhalsschlüssel

f. engrenages en chevrons
Keilverzahnungen [Zahnradbau]

h. une grammaire en chaîne
eine Kettengrammatik [stringgrammar]

i. verbe d'état au participe présent
Zustandsverb im Partizip Präsens

Dies ist die erste Gruppe einer Serie von Rollen, die die Seinsweise von Gegenständen oder mentalen Objekten näher spezifizieren. Die Beispiele a. bis d. zeigen die Benutzung von <u>forme</u> zusammen mit verschiedenen Präpositionen. Die einzige Funktion dieses Substantivs ist es, die Rolle "form" auszudrücken, bzw. (a. und b.) sie deutlich zu machen, <u>une</u> <u>chambre</u> <u>de</u> <u>combustion</u> <u>en</u> <u>coin</u> und <u>une</u> <u>toupie</u> <u>sphérique</u> sind genauso zu übersetzen wie unter a. und b. Im Frz. scheint die Präposition <u>en</u> dann <u>à</u> vorgezogen zu werden, wenn das Komplement die gesamte äußere Erscheinung eines Gegenstandes bestimmt. Im Dt. entspricht beiden Ausdrücken eine Konstruktion mit <u>mit</u>: <u>der</u> <u>Schlüssel</u>

mit einem Schwanenhals, clef à six pans/Sechskantschlüssel, Schlüssel mit sechs Kanten[66].

Die sich auf mentale Objekte beziehenden Komplemente in h. und i. sind mangels einer Alternative dieser Gruppe zugeordnet.

4.3.2.1.14 Farbe (farbe)

(4.78) a. une voiture rouge
ein roter Wagen

b. une photo en couleurs
ein Farbphoto

c. une chemise aux couleurs printanières
ein Hemd in Frühlingsfarben

d. un verre de couleur sombre
ein Glas in dunkler Farbe

Die Rolle Farbe wird typischerweise von Farbadjektiven ausgefüllt. Die Konstruktion en couleurs entspricht dem dt. Adjektiv farbig. Die Übersetzung erfolgt durch ein Kompositum vom Typ Farb- oder Bunt-X. couleur kann aber auch selbst komplementiert werden und ist dann durch die dt. Wendung in X-Farbe(n) oder X-farben wiederzugeben.

4.3.2.1.15 Material (mat)

(4.79) a. des fibres de lin
Leinenfasern/Fasern aus Leinen

b. un volant en bois
Holzlenkrad/Lenkrad aus Holz

Die Rolle Material gibt die materielle Beschaffenheit eines Gegenstandes an. Im Frz. werden de und en nebeneinander gebraucht. In technischen Texten überwiegt en. Die Übersetzung ist durch ein Komplement mit der Präposition aus oder durch ein Kompositum möglich. Die Wahl richtet sich nach den anderen Komplementen des Kerns, vgl. ein Stahlseil/?ein Stahlabschleppseil/?ein Abschleppstahlseil/*eine Eisenzylinderkopfbefestigungsschraube.

------

66 Es handelt sich hierbei allerdings mehr um eine Regelmäßigkeit als um eine strikte Regel.

4.3.2.1.16 Eigenschaft (prop)

(4.80) a. l'homme au chapeau
der Mann mit dem Hut

b. un homme sans chapeau
ein Mann ohne Hut

c. une clientèle au budget plus limité
eine Kundschaft mit einem begrenzteren Budget

d. une voiture à trois roues
ein Wagen mit drei Rädern
ein dreirädriger Wagen

e. un volant en bois à branches en aluminium
ein Lenkrad aus Holz mit Aluminiumspeichen

Diese Gruppe entspricht der Gruppe "Merkmal-Mit" bei Droop (1977:190ff.) Neben dem geläufigen l'homme au chapeau findet man in Fachtexten fast ausschließlich Gruppen ohne Artikel vor dem zweiten Substantiv. Fast immer ist eine Paraphrase mit "haben" möglich. In vielen Fällen muß ein Komplement dieser Rolle selbst weiter modifiziert werden: *une clientèle au budget, *une voiture à roues. Die Abweichung dieser Gruppen ist mit der in Sätzen wie ??Menschen essen. vergleichbar, die als tautologisch empfunden werden.

4.3.2.1.17 temporale Herkunft (herkt)

(4.81) a. un village moyenâgeux
ein mittelalterliches Dorf

b. le règlement du Conseil du 25 février 1964
die Regelung des Rates vom 25. Februar 1964

Im Gegensatz zu Droop (1977:208ff.) fasse ich temporale Angaben, die die Entstehungszeit konkreter oder mentaler Objekte bezeichnen, nicht unter die Gruppe temps, da sie ein unterschiedliches syntaktisches Verhalten haben und im Gegensatz zu temps meist mit der Präposition de eingeleitet werden. Man beachte den Unterschied zwischen les règlements de 1934 (Produktnominalisierung) und le règlement de cette affaire en 1934 (Aktionsnominalisierung).

4.3.2.1.18 lokale herkunft (herkl)

(4.82) a. du vin français
französischer Wein

b. vin de Bourgogne
Burgunderwein/Wein aus dem Burgund

c. des fibres de lin d'origine communautaire
Leinenfasern (, die) aus der Gemeinschaft (stammen)

Neben Relationsadjektiven, die aus Namen von Orten, Ländern oder Gegenden abgeleitet sind, und durch de eingeleiteten Regionalangaben wird diese Rolle durch die Wendungen d'origine RA und originaire de N ausgefüllt. Diese Wendungen entsprechen den Wendungen de forme und de couleur (s.o.) und sind im größeren Zusammenhang zu sehen mit Wendungen wie de type Adj., de nature Adj. etc. Eine Gruppe N_1 de N_2 Adj kann, wenn N_2 vom obengenannten Typ ist, paraphrasiert werden als "ein N_1, das bezüglich seines/er N_2 Adj. ist". Die Klasse der N_2 ist nicht geschlossen und beschränkt sich nicht nur auf die o.g. Lexeme, vgl. z.B. un moteur robuste et de cylindrée moyenne/ein robuster Motor von/mit mittlerem Hubraum. Die N_2 teilen alle die Eigenschaft, kein mentales Objekt auszudrücken, d.h. nicht ohne Bezug zu einem anderen Element vorstellbar zu sein. Evtl. ist die Zusammenfassung dieser Konstruktionen unter einer einheitlichen Rolle vorteilhafter als die Einordnung in die verschiedenen Rollen.

4.3.2.1.19 Possessiv (poss)

(4.83) a. la voiture de Jean
Jeans Wagen

b. le père d'un ami
der Vater eines Freundes

c. les maisons de trois amis
die Häuser von drei Freunden

d. le pied de cette table
das Bein dieses Tisches

e. l'hélicoptère présidentiel
der Hubschauber des Präsidenten

f. un chien de berger
ein Schäferhund

g. des voitures de pompiers
Feuerwehrfahrzeuge

h. une voiture présidentielle
ein Präsidentenwagen

i. un rayon de roue
eine Radspeiche

j. un disque de frein
eine Bremsscheibe

k. la pompe à air pour motocyclette
die Motorradluftpumpe

Die Rolle Possessiv entspricht der Gruppe "Zugehörigkeit" bei Droop (1977:28ff.). Zwischen Kern und Komplement wird ein Besitzverhältnis, eine Teil-Ganzes-Relation oder eine Freundschafts- bzw. Verwandtschaftsbeziehung ausgedrückt (a. bis d.). Diese Beziehung kann in verschiedenen Modi bestehen (vgl. e. bis j.). Beispiel k. verdeutlicht die Possessivbeziehung mit einer "für"-Lesart. Die Einbeziehung dieses Typs in diese Gruppe ist dadurch begründet, daß in einem Modus nicht zwei Possessiva auftreten können:

(4.84) a. *la pompe à air de vélo pour motocyclette
b. *die Motorradfahradluftpumpe

Ferner wird hier die Parallele zur Subjektrolle deutlich, in der die "für"-Lesarten auch, neben de, durch pour ausgedrückt werden. Da ein Substantiv nie gleichzeitig durch ein Subjekt und ein Possessiv komplementiert werden kann, ist es möglich, diese beiden Rollen zu einer zusammenzufassen[67].

4.3.2.1.20 betrifft (betr)

(4.85) a. un cours de linguistique mathématique
ein Kurs über mathematische Linguistik
b. un film maritime
ein Film über das Meer
c. les investissements d'infrastructure
die Infrastrukturinvestitionen

Diese Gruppe deckt sich mit der von Wandruszka (1972:87ff.) aufgestellten Gruppe "A betrifft B". Die Rolle ist nur dadurch motiviert, daß keine der anderen Rollen zutrifft.

4.3.2.1.21 sein (sein)

(4.86) a. la relation d'inclusion
die Relation der Inklusion/
die Inklusionsrelation
b. la globe terrestre
der Erdball

Diese Rolle ist durch die Möglichkeit der Paraphrase "B ist (ein) A" charakterisiert. Sie entspricht der Gruppe "Determinatum als Prädikatsnomen" bei Wandruszka (1972:61ff.).

------

67 siehe auch Fn. 64

4.3.2.1.22 bilden (bild)

(4.87) a. un montant de 25 millions d'UC
eine Summe von 25 Millionen VE

b. des équipes de spécialistes
Gruppen von Spezialisten

c. une vaste zone d'études des procédés
ein breites Feld von Untersuchungen der
Vorgehensweisen

Die Rolle ist durch Möglichkeit der Paraphrase "B bilden ein(e/n) A" charakterisiert. Sie entspricht der Gruppe "Menge" bei Droop (1977:188f.)

4.3.2.1.23 final (final)

(4.88) a. la garantie agricole pour l'année 1974
die landwirtschaftliche Garantie für das Jahr 1974

b. le Comité d'Etat pour la Science et la Technique
das Staatskomitee für Wissenschaft und Technik

Diese Gruppe umfaßt die Finalia bei Droop (1977:174) sofern sie im Französischen durch <u>pour</u> eingeleitet werden.

4.3.2.1.24 Infinitiv (infin)

(4.89) a. un fer à repasser
ein Bügeleisen

b. un câble de remorquage
ein Abschleppseil

c. les chambres de combustion
die Verbrennungskammern

d. mode d'emploi d'un réveil à Quartz
Gebrauchsanweisung eines Quartzweckers

e. la vitesse de rotation de la toupie
die Rotationsgeschwindigkeit des Kreisels

f. la durite d'arrivée d'essence au carburateur
die Benzinzufuhrleitung zum Vergaser
[der Schlauch, durch den das Benzin am Vergaser ankommt]

Diese Gruppe umfaßt alle mit <u>à</u> eingeleiteten Infinitive und durch <u>de</u> eingeleitete nicht spezifizierte Aktionsnominalisierungen. In Fachtexten ist diese Konstruktion neben Konstruktionen mit deverbalem Kern die am häufigsten vorzufindende komplexe Bildung. Meist hat der Infinitiv eine "für"-Lesart. Während die Rolle Infinitiv maschinell leicht zu erkennen ist, wirft sie für die weitere Analyse viele Probleme auf.

4.3.2.1.25 invers (invers)

(4.90) a. ceinture de sécurité
Sicherheitsgurt

b. coffre à outils
Werkzeugkasten

c. usine d'appareillage hydraulique
Hydraulikgerätefabrik

d. essence d'avion
Flugzeugbenzin

e. gaz lacrymogène
Tränengas

f. mouche à miel
Honigbiene

Schließlich bleiben noch verschiedene Relationen übrig, die nur in Komposita vorkommen. Da in diesen Konstruktionen jeweils eine einer hier aufgeführten Rollen inverse Rolle vorkommt, die einzelne Rolle aber (maschinell) nicht immer eindeutig zu bestimmen ist, fasse ich Komplemente dieses Typs unter der Rolle "invers" zusammen[68].

4.3.2.2 Die Modi

Wie in 4.2.3 beschrieben, muß neben der Unterscheidung der Rollen die Determinationsart der Komplemente betrachtet werden. Diese Eigenschaft hatte ich "Modus" genannt.

Generell kann zunächst zwischen zwei Modi unterschieden werden, nämlich zum einen dem der "désignation" und zum anderen dem der "signification"[69]. "Signifikative" Komplemente "complètent les traits impliqués par le noyau; en enrichissant la compréhension, ils réduisent l'extension" (Zemb 1978:573). In diesem Sinne ist etwa die Menge der durch alle roten Lampen bezeichneten Gegenstände eine Teilmenge der durch alle Lampen bezeichneten Gegenstände. Ebenso ist die Menge aller Taschenlampen eine Teil-

------

68 Dies ist natürlich eine sehr pragmatische Lösung. Man muß aber unterscheiden zwischen dem, was linguistisch deskriptiv wünschenswert wäre, und dem, was maschinell machbar ist. Wenn zudem die Übersetzung nicht leidet, ist ein solches Vorgehen gerechtfertigt.

69 Die Ausdrücke stammen von Zemb (1978:573). Die Unterscheidung ist aber seit langem geläufig. Für einen guten Überblick vgl. Wandruszka (1972:139ff.) sowie Carlsson (1966:29ff.).

menge der Lampen.

Ein "designatives" Komplement hingegen ermöglicht die Herstellung einer Beziehung zwischen dem durch den Kern Bezeichneten und dem durch den Kern des Komplements Bezeichneten. In Le chien du berger est joli. wird die Schönheit des Hundes ausgesagt, der in einem tatsächlichen Besitzverhältnis zu einem (vorher erwähnten) Schäfer steht. In Le chien de berger (là-bas) est joli. ist über den Besitzer des Hundes nichts ausgesagt. Dies ermöglicht, daß Sätze vom Typ le chien de berger de Marie est joli. trotz der doppelten Rollenbesetzung des Possessivs widerspruchsfrei sind. Während signifikative Komplemente im allgemeinen durch die Frage "was für ein?" erfragt werden können, geben designative Komplemente Antwort auf die Frage "welche(r/s)?".

Syntaktisch läßt sich der Unterschied zwischen den beiden Determinationsarten dadurch ausmachen, daß bei einer designativen Determination der Kern des Komplements durch ein Pronomen wieder aufgenommen werden kann, was bei einer signifikativen Determination nicht möglich ist:

(4.91) a. Le chien de la voisine est très joli.
Elle lui donne à manger chaque matin./
Quelle voisine?

b. Le chien de berger est très joli.
*Il lui donne à manger chaque matin./
*Quel berger?

Im allgemeinen läßt sich der Unterschied zwischen einem designativen und einem signifikativen Komplement an seinen Spezifizierern ausmachen. Wie in 4.3.2 gezeigt wurde, ist der Artikelgebrauch aber nicht immer eindeutig. So ist z.B. de dimanche in les journaux de dimanche designativ, da Wochentage ohne Artikel den Status von Eigennamen haben, sodaß les journaux de dimanche les journaux de Marie entspricht, während du dimanche von dem Adverbial le dimanche (sonntags) abzuleiten ist und somit in les journaux du dimanche den Status eines Adjektivs hat.

Nach Zemb (1978:541ff.) besteht kein Unterschied zwischen der Determinationsart in Strohhüte, alte Hüte und Hüte aus Stroh. In allen drei Fällen liegt eine signifikative Determination vor. Betrachten wir die Pronomenbeziehung in (4.92), wird deutlich, daß weder in Strohhut noch in Hut aus Stroh eine designative Determination vorliegt[70].

------

70 Ich benutze in diesem Abschnitt deutsche Beispiel, da hier der Unterschied auch strukturell (L-/R-Struktur) sichtbar wird.

(4.92) Karl trug einen selbstgemachten Hut aus Stroh/einen Strohhut. *Dieses hatte er in Italien gekauft.

In anderen Fällen besteht hingegen ein deutlicher Unterschied zwischen Strohhut und Hut aus Stroh, vgl.:

(4.93) a. Die einen tragen nur zum Luxus Ketten aus Gold, andere hingegen brauchen dringend welches für ihre Zähne.
b. *Die einen tragen nur zum Luxus Goldketten, andere brauchen dringend welches für ihre Zähne.

(4.94) a. ?Während die einen nur zum Luxus Ketten aus Gold tragen, brauchen es die anderen dringend für ihre Zähne.
b. *Während die einen nur zum Luxus Goldketten tragen, brauchen es die anderen dringend für ihre Zähne.

(4.95) a. Wenn wir weiterhin so viele Zähne aus Gold verarbeiten, werden wir bald keins mehr haben.
b. *Wenn wir weiterhin so viele Goldzähne verarbeiten, werden wir bald keins mehr haben.

(4.96) a. ?Bei einem Fahrzeug mit großen Rädern ist es nicht so schlimm, wenn bei einem der Reifen platzt.
b. *Bei einem hochrädrigen Fahrzeug ist es nicht so schlimm, wenn bei einem der Reifen platzt.

(4.97) a. Ein weiterer Vorteil ist, daß in einem Lager mit Kunststoffkugeln ruhig mal eine kaputt gehen darf.
b. *Ein weiterer Vorteil ist, daß in einem Kunststoffkugellager ruhig mal eine kaputt gehen darf.

In diesen Fällen liegt "generische" Referenz vor. Das Pronomen bezieht sich nicht auf das Gold, das in den Ketten verarbeitet ist, sondern auf Gold im allgemeinen. Generische Referenz ist unter bestimmten Bedingungen auf nachgestellte Komplemente möglich, auch wenn diese nicht designativ sind. Dies zeigt sich weiter in der Aufnahme durch das:

(4.98) Bei Jakobs wurden neue Kleider in milden Herbstfarben vorgestellt. ??Dieses Jahr sind das übrigens gelb und zartrosa.

(4.99) a. Dort verkaufen sie Schmuck aus Gold und Silber. Das sind übrigens die teuersten Metalle.
b. *Dort verkaufen sie Gold- und Silberschmuck. Das sind übrigens die teuersten Metalle.

Weiterhin bestehen zwischen Kompositum und PA auch Unterschiede in der nichtgenerischen Referenz:

(4.100) a. Dort verkaufte man Schmuck aus Silber und Gold. Das Gold kam übrigens aus Südafrika.
b. ?*Dort verkaufte man Silber- und Goldschmuck. Das Gold kam übrigens aus Südafrika.

Da sich andererseits die PA dieses Typs von designativen Komplementen unterscheiden, ist es sinnvoll, hier eine dritte, mittlere Art der Komplementierung anzunehmen. Wie sich im folgenden zeigen wird, entspricht dieser Modus dem der Determinationsart einfacher Adjektive.

Die drei verschiedenen Modi der Modifikation nenne ich mod1, mod2 und mod3. Die Feststellung dieser Modi ist für die maschinelle Analyse wichtig, da verschiedene Reihenfolgerestriktionen von den Modi der Komplemente abhängen.

4.3.2.3 Reihenfolgerestriktionen

Die in Abschnitt 4.3 aufgestellte Dependenzregel (4.101) kann nun anhand der entwickelten Kriterien (1) syntaktische Kategorie, (2) Rolle und (3) Modus genauer gefaßt werden.

(4.101) N(...,*,[N],[Adj./P/V]*)

Wie bereits erwähnt, unterteilt Salkoff (1973) die "ajouts à droite du nom" (s.78) in zwei Haupttypen, nämlich in kurze Ergänzungen, wie Adj. Adverb und P N und lange Ergänzugen, wie Relativsätze und Partizipialkonstruktionen. Eine Kette der ersten Gruppe steht immer links von einem Element der zweiten Gruppe[71].

In der ersten Gruppe liegt nach seiner Darstellung folgende Reihenfolge vor:

```
(4.102)  KERN N / A / P N / A
              1   2    3   4
```

die er durch folgende Beispiele belegt:

(4.103) a. un stylo bille géant
b. une équipe française de rugby
c. une équipe de rugby française

In (4.103) a. ist <u>française</u> an der zweiten, in (4.103) b. an der vierten Position. Die zweite und vierte Position kann durch ein Partizip Präsens oder Partizip Perfekt ausgefüllt werden: <u>une quantité accrue de chômeurs</u>, <u>un nombre très réduit de postes</u>, <u>un cas de tuberculose intéressant</u>. Diese Partizipien nehmen allerdings in dieser Position nie ein Komplement zu sich und verhalten sich wie Adjektive (vgl. Salkoff 1973:80).

Die Gruppe P N kann durch <u>à</u>V ersetzt werden.

------

71 S. Abschnitt 4.3

(4.104) a. (une machine) américaine à laver la vaisselle
b. (une machine) américaine de pointage

(4.105) a. (un appareil) à coudre automatique
b. (un bateau) à vapeur blanc

(vgl. ebd.)

Salkoff weist an dieser Stelle auch auf die Mehrdeutigkeit hin, die bei einer Folge von mehreren P N auftritt: In lampe à vapeur de mercure modifiziert de mercure vapeur. In cartes de visite de femme modifiziert de femme cartes. Salkoff schlägt keine Lösung vor ("Ici non plus il n'existe pas assez de renseignements sur les sous-classes de noms pour pouvoir décider entre [...] a et [...] b."), macht aber die interessante Feststellung, daß das N in der dritten Position "peut avoir à son tour les ajouts à droite du nom du premier groupe, mais pas les ajouts plus longs du deuxième groupe." (S.81) So findet man (4.106) a. aber nicht (4.106) b..

(4.106) a. (une lampe) à vapeur de mercure presque inutilisable
b. *l'homme de l'immeuble où j'habite élégant

Die N in P N der dritten Position können zur linken durch ein Adjektiv oder einen Quantor modifiziert werden:

(4.107) a. (équation) à trois inconnues insoluble
b. (émission) à haute fréquence décevante

(vgl. Salkoff 1977:81)

In einigen Fällen ist auch eine Determination durch den Artikel möglich:

(4.108) a. (grève) de la faim prolongée
b. (balance) des comptes américaine
c. (les trois hommes) de l'espace soviétiques

(vgl. Salkoff 1977:82)

Zusammenfassend stellt Salkoff fest, daß das N der P N der dritten Position eine reduzierte Nominalgruppe sein muß, reduziert insofern, als es als Komplemente nur solche der ersten Gruppe haben darf, als Spezifizierer zwar Det, Quant, und Adj. einzeln, aber nicht alle drei zusammen.

Für die "ajouts longs" lassen sich nur schwer Restriktionen bezüglich der Reihenfolge ausmachen:

> Toutes ces chaînes doivent figurer après toutes les chaînes du premier groupe - d_{n1} à d_{n4} - mais leur ordre d'occurrence n'est pas facile à établir. C'est pourquoi aucun ordre ne leur sera imposé. Néanmoins , quand elles se répètent, il doit y avoir une virgule entre

deux chaînes longues[72].

(Salkoff 1973:82)

Die Komplemente der zweiten Gruppe stehen also ungeordnet in der fünften, sechsten, ... Position.

Nimmt man Salkoffs Ausführung wörtlich, so ergibt sich, daß ein N höchstens von zwei Präpositionalgruppen modifiziert werden kann, wobei die eine ein "ajout court", die andere ein "ajout long" sein muß. Weitere PG könnten dann nur noch durch Komma getrennt angefügt werden (s.o). Dies reicht sicherlich nicht aus, denn Gruppen wie

(4.109) une roue de camion en aluminium à quatre rayons en alliage léger

sind recht häufig anzutreffen. Salkoffs Analyse muß also im Detail verbessert werden. Seine Unterteilung in "ajouts courts" und "ajouts longs" kann nutzbringend übernommen werden. Sie deckt sich offensichtlich mit unserer Einteilung in mod1- und mod2-Komplemente einerseits und mod3-Komplemente andererseits. Beginnen wir mit der Betrachtung der "ajouts courts".

Komplemente der Kategorie N folgen stets unmittelbar auf den Kern und können selbst nicht komplementiert werden: *un homme élégant grenouille, *une station d'autoroute service[73].

In der Analyse können Komplemente der Kategorie N daher immer an das tiefste Substantiv des Analysebaums adjungiert werden und sind somit unproblematisch. Sie haben immer den Modus mod1 und können verschiedene Rollen spielen.

Adjektive können neben der in 5.2.1 skizzierten Subklassifizierung nach ihrer syntaktischen Valenz nach ihrer Position im Nominalsyntagma unterteilt werden. Neben der Unterscheidung in vor- und nachgestellte Adjektive ist eine Einteilung der (nachgestellten) französischen Adjektive nach der Qualität und Quantität der Konstituenten, die zwischen Adjektiv und Kern stehen können, möglich. Nach diesem Kriterium unterteilt Ronat (1974) die Adjektive in drei Gruppen A1, A2 und A3. Wird ein Substantiv durch jeweils ein Adjektiv einer Klasse modifiziert, so ist die Abfolge stets Kern A1 A2 A3. Alle anderen Permutationen von A (A2 A1 A3 etc.) sind ungrammatisch. Die Gruppe

------

72 Dies gilt offensichtlich nicht für eine Abfolge von P N: vgl.: l'affectation d'un montant de 25 millions d'UC au financement de ces projets, wo vor au kein Komma steht.

73 Ich fand hierzu nur ein Gegenbeispiel, nouveau frein à disque Citroën, das aber in einem "Telegrammstil-Text" vorkommt und von daher nicht als repräsentativ gewertet werden kann.

A1 umfaßt die denominalen Adjektive (RA), die Gruppe A2 die einfachen Adjektive, die prädikativ gebraucht werden können und graduierbar sind. Zur Gruppe A3 gehören komplexe Adjektive vom Typ applicable à, susceptible de etc.. In les cartes postales magnifiques susceptibles de te plaire ist postales Element von A1, magnifiques Element von A2 und susceptible (de te plaire) Element von A3. (vgl. Ronat 1974:83) Die Abweichung in der Grammatikalität ist bei anderer Anordnung sehr deutlich:

(4.110) a. *les cartes magnifiques postales
b. *les cartes susceptibles de te plaire postales
c. *les cartes susceptibles de te plaire magnifiques

Der Permutationstest liefert hier also ein sehr genaues operationales Kriterium, die Klassenzugehörigkeit eines Adjektivs festzustellen. Diese Klassenzugehörigkeit kann dazu benutzt werden, die Knoten als Mutter eines neuen Adjektivs auszuschließen, die bereits durch ein Adjektiv einer höheren Klasse modifiziert sind. Z.B. bezieht sich hiernach in (4.111) alphabétique eindeutig nicht auf information, das schon durch das A3-Lexem définie par... modifiziert ist. In (4.112) kann sich arithmétiques nur auf opérations beziehen, da machines bereits durch capables de ... modifiziert ist. Gleiches gilt für communautaire und fibres de lin, deren Bezug durch longues blockiert ist (Von den morphologischen Verhältnissen einmal abgesehen).

(4.111) la transformation de l'information lexique définie par un opérateur alphabétique

(4.112) méthodes d'analyse de machines capables d'opérations arithmétiques

(4.113) fibres de lin longues d'origine communautaire

Ronats Dreiteilung ist auch insofern von Interesse, als sie sich mit unserer Dreiteilung des Modus deckt. Die Beispiele in (4.114) zeigen, daß ein Adjektiv der Gruppe A_n mit einem PA im Modus mod_n koordiniert werden kann.

(4.114) a. activités professionnelles ou de loisirs
b. un moteur robuste et de cylindrée moyenne

Die Koordination von Adjektiven der Gruppen A1 und A2 ist nicht möglich:

(4.115) a. *les grandes masses urbaines et pauvres
b. *transports routiers et dangereux

Ebensowenig können PA unterschiedlicher Modi koordiniert werden:

(4.116) a.*la production de voitures et de cet avion
b. ?*un frein à disque et à double effet

Aus diesen Gründen liegt die Vermutung nahe, daß es sich bei den drei

Adjektivklassen um das Vorkommen eines Adjektivs in einem der drei Modi handelt. Es ist dann zu erwarten, daß eine ähnliche Restriktion bezüglich der Reihenfolge auch für PA auszumachen ist. Diese Restriktion wurde für die Modi mod1 und mod3 bereits festgestellt[74]:

(4.117) a. *la lampe de la voisine de poche
b. *les vendeurs à Paris de cacahuettes

Ähnlich fixiert ist die Reihenfolge von mod1- und mod2-PA:

(4.118) a. *une lampe à deux ampoules de poche
b. *une voiture en aluminium de course

und von mod2- und mod3-PA:

(4.119) a. ??les parechocs de la nouvelle Citroën à deux lames
b. *la maison de Pierre en bois
c. *la robe de Marie de soie

Die Unterteilung der Komplemente nach den drei Modi erklärt in vielen Fällen die Position des Adjektivs, nämlich dann, wenn der Modus des Adjektivs sich von dem des Substantivs unterscheidet. Dies ist bei Kombinationen von mod1-Adj. und mod2-Adj mit mod3-PA besonders deutlich:

(4.120) a. aspect linguistique des notions de sujet et de prédicat
b. *aspect des notions de sujet et de prédicat linguistique

(4.121) a. <les possibilités de> diversification régionale de la politique de réforme structurelle
b. *<les possibilités de> diversification de la politique de réforme structurelle régionale

(4.122) a. <le taux de> pénétration européen de Citroën
b. *<le taux de> pénétration de Citroën européen

(4.123) a. les cartes postales magnifiques de Pierre
b. ?*les cartes postales de Pierre magnifiques

(4.124) a. les maisons rouges de la Bretagne
b. *les maisons de la Bretagne rouges

Auch in bezug auf die mod2-PA ist die Reihenfolge der mod1-Adj. fixiert:

(4.125) a. un navire pétrolier en aluminium
b. *un navire en aluminium pétrolier

(4.126) a. un palais ducal à deux étages
b. *un palais à deux étages ducal

Unter den N-Komplementen besteht also eine Reihenfolgerestriktion nach der

------

74 vgl. Zemb (1978:587).

ein mod_n-Komplement immer einem mod_{n-1}-Komplement folgen muß. Die Frage ist nun, ob es auch innerhalb einer Gruppe von Komplementen des gleichen Modus Restriktionen dieser Art gibt.

4.3.2.3.1 Reihenfolgerestriktionen innerhalb der Modusklassen

4.3.2.3.1.1. Präpositionale Komplemente

4.3.2.3.1.1.1. mod3

4.3.2.3.1.1.1.1. Der Kern ist eine Aktionsnominalisierung

Ist der Kern der Gruppe eine Aktionsnominalisierung, so ist die nichtmarkierte Reihenfolge der Valenzstellen

(4.127) a. Obj. PO/Dativ Agens
b. Subj. PO/Dativ

wie z.B. in

(4.128) a. l'abandon du fort aux ennemis par les soldats du roi

b. la sortie du franc du serpent monétaire

c. la participation inattendue de trois CX Diesel avec des équipages féminins au rallye Monte-Carlo

Verschiedene Bedingungen ermöglichen eine andere Reihenfolge, die jedoch meist durch die Abtrennung eines Elements durch eine Sprechpause (Komma) markiert ist:

(4.129) a. octroi aux exploitants agricoles, sous certaines conditions, d'une indemnité compensatoire annuelle

a. l'arrivée sur le marché français, en juillet, d'un nouveau moteur plus nerveux et plus économique

Verschiedene deverbale Substantive erlauben die Reihenfolge PO Obj.:

(4.130) le ravitaillement en denrées alimentaires des usines de guerre

Bezeichnenderweise sind diese präpositionalen Objekte meist nicht spezifiziert.

Freie Angaben folgen im allgemeinen den Ergänzungen:

(4.131) a. la première traversée du Sahara en automobile en 1923
b. la fabrication d'une voiture populaire en série
c. le transport d'une grande malle à côté du chauffeur

Allerdings können Angaben der Art und Weise ohne Kommamarkierung einem

Subj.- oder Obj.- vorangehen, wenn dieses "lang" ist[75].

(4.132) a. la fabrication en série d'un moteur robuste et de cylindrée moyenne
b. l'imbrication et l'articulation sans fin des chaînes du discours

Innerhalb der freien Angaben ist die Ordnung weniger fixiert. Ort- und Zeitangaben stehen allerdings nicht vor Modalangaben.

(4.133) *la première traversée du Sahara en 1923 en automobiles

Die oben gemachten Beobachtungen können in einer allgemeinen Formel zusammengefaßt werden.

(4.134) Kern (modal) Subj. PO modal local temps
Kern (modal) Obj. PO modal Agens temps local

Diese Formel stellt jedoch nur den Idealfall dar. In vielen Fällen wird die Abfolge aufgrund anderer Faktoren, wie Koordination, lange Komplemente etc. verändert. Es läßt sich jedoch festhalten, daß das Subjekt oder das Objekt, also das durch de eingeleitete Komplement, in den meisten Fällen umittelbar dem Kern folgt.

4.3.2.3.1.1.1.2. Der Kern ist keine Aktionsnominalisierung

In diesem Fall folgen alle PA im Modus mod3 dem durch de eingeleiteten Possessiv[76].

(4.135) a. la pénurie extrème des munitions sur le front
b. *la pénurie extrème sur le front des munitions

(4.136) a. la réalité du travail manuel en France
b. *la réalité en France du travail manuel

Eine Ausnahme zu dieser Regel bilden Komplemente von Substantiven, die den Anschluß eines Objekt- oder Agenskomplements erlauben, wie z.B. portrait[77].

(4.137) a. le portrait d'Aristote du collectionneur
b. *le portrait du collectionneur d'Aristote

(4.138) a. la photo d'un petit enfant d'un copain à Jacques
b. la photo d'un copain à Jacques d'un petit enfant

------

75 Dies ist ein weiteres Prinzip bezügl. der Komplementfolge: Lange Konstituenten werden meist an das Ende eines komplexen Nominalsyntagmas gestellt.

76 Dies gilt wiederum nur für nichtmarkierte Gruppen. Sprechpausen, bzw. Kommasetzung erlauben eine andere Reihenfolge.

77 vgl. Milner 1977 und Ruwet 1972:269ff.

(4.139) a. tous les livres sur la peinture de Marie
b. tous les livres de Marie sur la peinture

Freie Angaben folgen dem Possessiv.

4.3.2.3.1.1.2. mod2

Mod2-Komplemente folgen im allgemeinen in der Reihenfolge

(4.140) mat form prop "type"
farbe

(4.141) a. une drôle de robe de couleur sombre à trois plis
b. ?une drôle de robe à trois plis de couleur sombre[78]

b. une culasse en alliage d'aluminium à chambres de combustion en forme de coin
c. *une culasse à chambres de combustion en forme de coin en alliage d'aluminium

Eine interessante Beobachtung, die Peuser (1965:50) an spanischen N-Komplementen machte, läßt sich hier für das Französische bedingt auch bestätigen. Im Spanischen besteht ebenso wie teilweise im Französischen die Möglichkeit, ein Komplement einer bestimmten Rolle, durch verschiedene Präpositionen einzuleiten. Peuser schreibt zu Angaben des Materials, der Form und der Größe im Spanischen:

> "Offensichtlich macht die Wirtschaftssprache von der Möglichkeit, mittels der Präp. Ordnung unter den Qualifizierungen ihrer Gegenstände zu schaffen, (also: Materialangaben durch 'en', Farbbez. durch 'de' wiederzugeben) keinen Gebrauch: jedes N_2 kann durch jede Präp. angeschlossen werden.
>
> Worin besteht nun die semantische Funktion der Präposition? Offensichtlich darin, innerhalb jeden Synt. eine Hierarchie von Qualifikationen zu stiften und im vielfältigen Nebeneinander von Beschaffenheitsangaben das Durcheinander zu verhüten."
>
> (Peuser 1965:50)

"[...] Präp. wie 'con' und 'en' verursachen eine stärkere Dekomposition und damit eine deutlichere Zäsur als 'de' und 'a'." (ebd.) Peuser zeigt die Wirkung der einzelnen Präposition an den folgenden Nominalsyntagmen:

(4.142) a. vestidos en suave lana de diversos colores
Kleider aus weicher verschiedenfarbiger Wolle

(4.143) a. pullovers de lana sin manga en diversos colores
ärmellose Wollpullover in verschiedenen Farben

Während die Abfolge en de zu einer geschachtelten Struktur führt, ist die

------

78 die ?-Markierung bezieht sich auf die Konstruktion ohne Komma.

"breite" Strukturierung bei de en möglich. Ein ähnliches Phänomen finden wir auch bei den frz. Materialangaben, die ja durch de und durch en eingeleitet werden können. Wird zusätzlich zur Materialangabe ein weiteres Komplement, das Form, Farbe oder ähnliches bezeichnet, gesetzt, wird die Materialangabe duch de eingeleitet.

(4.144) des chemises de / ??en laine de couleur sombre

(4.145) une cale de / ?en bois en forme de coin

Generell scheint die Tendenz vorzuliegen, bei Folgen von mod2-Komplementen die Präpositionenfolge de en à einzuhalten.

4.3.2.3.1.1.3. mod1

Die Reihenfolge von Komplementen dieses Modus ist teilweise mit der Reihenfolge der mod3-Komplemente identisch. So folgt eine Instrumentalangabe immer einem Objekt und einem "infinitiv".

(4.146) a. une pompe à eau à main
b. *une pompe à main à eau

(4.147) a. une pompe de graissage à main
b. ??une pompe à main de graissage

Possessivkomplemente folgen Instrumentalangaben:

(4.148) a. tirette à câble de carburateur / de frein
Vergaser/Bremsseilzug

b. fente de ventilation de capot
Motorhauben(luft)schlitz

Im allgemeinen reicht für eine korrekte maschinelle Analyse die Feststellung von Objekt- und Instrumentalangaben aus. Soll die Analyse der Übersetzung ins Deutsche dienen, kann auf eine genaue Analyse verzichtet werden, solange die Komplemente im Dt. durch ein Kompositum wiedergegeben werden.

4.3.2.3.1.2. Adjektive

Die Position der Adjektive ist wesentlich freier als die der PA. Ich werde mich daher hier kurz fassen und lediglich einige aus meiner Datensammlung technischer Texte gewonnene heuristische Beobachtungen schildern, nach denen ich die Position der Adjektive festgelegt habe.

4.3.2.3.1.2.1 mod3

Adjektive, die in diese Gruppe fallen, stehen meist am Ende des Nominalsyntagmas.

(4.149) a. les cartes postales de Jean susceptibles de te plaire
b. *les cartes postales susceptibles de te plaire de Jean

Eine Kombination mit anderen Komplementen ist in den wenigsten Fällen ohne Komma möglich[79].

4.3.2.3.1.2.2 mod2

Die Position der Adjektive dieser Klasse ist schwer festzulegen, sodaß bei der Analyse eigentlich nicht auf Reihenfolgerestriktionen zurückgegriffen werden kann. Ich habe aus praktischen Erwägungen eine Analyse vorgesehen, die in dem Fall, daß keine anderen Kriterien die Mutter des Adjektivs bestimmen, das Adjektiv an das tiefste angetroffene mod2- oder mod3-Komplement anhängt wird. Es wird also eine Position des Adjektivs an der ersten Stelle der mod2-Komplemente angenommen:

(4.150) a. une voiture rapide à deux portières
b. ?une voiture à deux portières rapide

(4.151) a. une robe étroite en nylon
b. une robe en nylon étroite

4.3.2.3.1.2.3 mod1

Relationsadjektive, die eine feststellbare Rolle spielen, folgen unmittelbar auf den Kern. Eine Ausnahme bilden meist von Orts- oder Personennamen abgeleitete RA, die in eine der Klassen herk1 oder herk2 fallen:

(4.152) a. un bateau charbonnier à vapeur
b. *un bateau à vapeur charbonnier

(4.153) a. un bateau charbonnier d'état
b. ??un bateau d'état charbonnier

(4.154) a. un moulin à vent français
b. *un moulin français à vent

Sicherlich ist es eine gute Entscheidung des Übersetzungssystems, RA wenn möglich durch Substantive zu übersetzen und im Deutschen ein Kompositum zu

------

79 Im folgenden gehe ich nicht weiter auf Adjektive dieses Typs ein und nehme provisorisch an, daß sie jeweils am Ende eines NS stehen.

bilden, da hierbei bestehende Ambiguitäten bewahrt bleibt. Insgesamt kann man feststellen, daß die innerhalb eines Modus bestehenden Restriktionen bezüglich der Reihenfolge der Komplemente nicht so deutlich sind wie die Restriktionen, die bei Kombination unterschiedlicher Modi bestehen.

Zusammenfassend wird die "Idealreihenfolge" in (4.155) dargestellt.

(4.155)		mod1				mod2							mod3			
	Adj.	Obj.	In.	Adj.	mat	form	prop	"type"	Adj.	(modal)	Subj.	PO		modal	local	temps
						farbe			Adj.	(modal)	Obj.	PO	modal	Agens	temps	local

4.4 Besprechung einzelner Konstruktionen

Um die Arbeitsweise des Analysesystems zu verdeutlichen, wird in diesem Abschnitt die Analyse verschiedener komplexer Nominalsyntagmen besprochen. Die Darstellung zeigt die Anwendung der beschriebenen Prinzipien beim Vergleich der jeweiligen MM. Einige noch nicht erwähnte Regeln werden erarbeitet und verschiedene Schwierigkeiten herausgestellt. Dies betrifft vor allem die maschinelle Erkennung der Rollen und der Modi.

Auch eine falsche Analyse führt oft zu einer richtigen Übersetzung. Da dies nach der in Kapitel 1 aufgestellten Forderung, das System müsse Strategien entwickeln, die auch bei "Verständnisfehlern" zu "schönen" Übersetzungen führen, nicht als Fehler im eigentlichen Sinn verstanden wird, wird an entsprechender Stelle diskutiert, in wieweit strukturelle Mehrdeutigkeiten als solche ins Deutsche übertragen werden können.

Zur Darstellung wird die Notation MM_1 / MM_2 + VS aus Abschnitt 4.1 benutzt. Die Darstellung folgt der Analyse eines jeweiligen neuen VS. Sei z.B. das NS

(4.156) la voiture de la tante de l'ami de Pierre

so wird in der Darstellung mit der angenommenen Struktur

```
(4.157)  voiture det:la
                  poss:de zero:tante det:la
```

begonnen. Der erste VS ist dann

(4.158) de + ami det:le

Dies wird in der oben beschriebenen Form folgendermaßen dargestellt:

(4.159) voiture / tante + de l'ami

Angenommen, die Analyse sei richtig verlaufen, so liegt nun folgende Konfiguration vor:

```
(4.160)  voiture det:la
                  poss:de zero:tante det:la
                                     poss:de zero:ami det:l'
```

Die erste Vergleichsmöglichkeit besteht nun zwischen <u>voiture</u> und <u>tante</u>:

(4.161) voiture / tante + de Pierre

Nehmen wir an, in diesem Fall sei nach default-Analyse (DA) <u>voiture</u> besser, folgt der Vergleich zwischen <u>voiture</u> und <u>ami</u>:

(4.162) voiture / ami + de Pierre

In diesem Fall ist ami besser und die Analyse ist mit der Adjunktion von de Pierre an ami beendet. Wäre in (4.161) nicht nach DA entschieden worden, hätte statt (4.162) der Vergleich

(4.163) tante / ami + de Pierre

zur Auswahl von ami geführt[80].

1. le câble de remorquage en acier

Der Folge de+Aktionsnominalisierung kann eindeutig die Rolle "infin" zugewiesen werden, da N_2 nicht spezifiziert ist und im Singular steht. De remorquage hat als nicht spezifiziertes Element im Singular den Modus mod1. Die Adjunktion von en acier an câble erfolgt nach der Funktion "nicht gut", nach der Abstrakta keine Materialangaben haben können. Das gleiche Resultat wäre auch nach default-Wert (DA) zustande gekommen, da mod1 mod2 eine erlaubte Reihenfolge ist.

2. volant en bois à branches en aluminium recourbé

(4.164) volant / bois + à branches

Nach den Funktionen "nicht-gut" (NG) und "favorisiert" (F) kann keine Entscheidung getroffen werden: bois à branches ist semantisch nicht abweichend (Speichenholz). Die Analyse erfolgt nach DA.

(4.165) volant / branches + en aluminium

Die Entscheidung zugunsten von branches erfolgt aufgrund der Reihenfolgerestriktion (RR) *prop mat.

(4.166) volant / branches + recourbé

Die Entscheidung fällt auf volant, da zu branches keine Kongruenz (K) im Numerus besteht.

(4.167) volant / bois + recourbé

Die Entscheidung geht zugunsten von bois, da eine RR *mat modif vorliegt. Die ermittelte Struktur ist[81]:

------

80 Zuweilen habe ich die Darstellung von Vergleichen ausgespart, wenn diese linguistisch uninteressant erschienen oder ein ähnlicher Fall bereits besprochen wurde.

81 Wie bereits in 4.3.2.3.1.2.2 erwähnt, ist diese Restriktion eine pragmatische Lösung. Zur maschinellen Analyse der Adjektive bedarf es noch genauerer Untersuchungen über den Platz des Adj.

(4.168) volant mat:en zero:bois
        prop:à zero:branches
                mat:en zero:bois modif:recourbé

3. le coffre à outils en bois verni sur le marchepied

(4.169) le coffre / outils + en bois

Die Default-Analyse setzt voraus, daß à outils als mod1-Komplement erkannt wird. Dies ist an den Merkmalen von coffre und outils zu erkennen: "Behälter-Wort" + à + Substantiv im Plural oder nichtzählbares N erhält mod1 und die Rolle "invers".

(4.170) coffre / bois + verni

Die Analyse erfolgt wieder nach der RR *mat modif.

(4.171) coffre / bois + sur le marchepied

Die Analyse erfolgt nach DA, da der VS mod3 aufgrund der "schweren" Präposition und des bestimmten Artikels sicher als mod3-Komplement erkannt werden kann und mod2 mod3 eine zulässige Reihenfolge ist[82]. Der resultierende Baum ist:

(4.172) coffre det:le
        invers:à zero:outils
        mat:en zero:bois modif:verni

4. une culasse en alliage d'aluminium à chambres de combustion en forme de coin

(4.173) culasse / alliage + aluminium

Aluminium ist nicht spezifiziert und hat somit den Modus mod1. Die RR *mod2 mod1 bestimmt alliage als Mutter.

(4.174) culasse / alliage + à chambres
        culasse / aluminium + à chambres

Da keine Subkategorisierung vorliegt, die à chambres als mod1-Komplement klassifiziert, wird die Rolle "prop" und der Modus mod2 angenommen. Es liegt keine RR vor und die Adjunktion erfolgt nach DA.

(4.175) culasse / chambres + de combustion

de combustion ist eindeutig ein mod1-Komplement mit der Rolle infin. Durch die RR *mod2 mod1 wird es an chambres adjungiert.

(4.176) culasse / chambres + en forme

------

82 Der Algorithmus vergleicht auch noch verni und coffre. S. Fn. 80.

En forme wird ohne Betrachtung der Mutter die Rolle form zugewiesen. Die RR *prop form favorisiert chambres.

(4.177) chambres / combustion + en forme

Es liegt keine Restriktion vor. Nach DA wird der VS an combustion adjungiert.

(4.178) culasse / chambres + de coin

De coin ist, da es nicht spezifiziert ist und im Sg. steht, ein mod1-Komplement. Daher wird Chambres nach RR *mod2 mod1 favorisiert.

(4.179) chambres / forme + de coin

Forme wird nach RR *mod2 mod1 favorisiert. Das Analyseergebnis ist

```
(4.180) culasse quant:une
                mat:en zero:alliage obj:de zero:aluminium
                prop:à zero:chambres infin:de zero:combustion
                                     form:en zero:forme poss:de zero:coin
```

5. système de freinage à main

(4.181) système / freinage / à main

A main wird als Instr aufgefaßt und dem deverbalen N freinage adjungiert. Eine Reihe von Lexemen wie main, pied, levier bilden in der à N Konstruktion meist eine Instrumentalangabe. Bei Bezeichnungen von Körperteilen ist die prop-Rolle (Dies ist die mit instr in Konkurrenz stehende Rolle) in den meisten Fällen auszuschließen.

6. pompe à air à main

(4.182) pompe / air + à main

Der Lexikoneintrag von pompe enthält eine BMS-Funktion, die als Objekt ein durch à eingeleitetes nicht zählbares Substantiv erlaubt. A air wird daher zu einem mod1-Objekt. A main wird als mod1-Instrumentalangabe aufgefaßt. Da die Reihenfolge obj instr zulässig ist, wird à main nach DA an pompe adjungiert.

7. serrure de boîte à gants

(4.183) serrure / boîte à gants

Wenn im Lexikoneintrag von serrure keine Funktion eingetragen ist, die de boîte als obj identifiziert, erhält es fälschlicherweise die Rolle invers in mod1. Die Rolle poss wird in den meisten Teil-Ganzes-Beziehungen in mod1 nicht erkannt, da das System nicht "weiß", ob das Schloß Teil des Kastens ist. Die falsche Rollenzuweisung führt aber nicht zu einer falschen Übersetzung. Der VS à gants wird als invers-Rolle von boîte favorisiert (s.o).

8. boîtier de filtre à air

(4.184) boîtier / filtre + à air

Die Analyse erfolgt wie die unter 7. mit der Ausnahme, daß hier die im Lexikoneintrag von filtre eingetragene BMS-Funktion à air als Objekt selegiert.

9. la pompe à eau de refroidissement

(4.185) pompe / eau + de refroidissement

Eine RR *obj infin schließt pompe als Mutter aus.

10. ceinture de sécurité à trois points

(4.186) ceinture / sécurité + à trois points

Die Gruppe à trois points spielt die Rolle prop und ist mod2-Komplement. Dies ist an dem Quantor trois zu erkennen. Eine mögliche Rolle für den VS wäre noch dativ, die aber an das Vorhandensein eines deverbalen Mutterknotens geknüpft ist, die den Dativ selegiert. Da keine RR vorliegt wird die DA angewandt.

11. extension des notions de contexte à des classes de mots

(4.187) extension / notions + de contexte

de contexte ist nicht spezifiziert und steht im Sg.; es wird als mod1-Komplement erkannt und aufgrund der RR *mod3 mod1 an notion adjungiert.

(4.188) extension / notions + à des classes
extension / contexte + à des classes

Extension selegiert Objekt, Dativ und Agens. Der VS wird als Dativ-Ergänzung erkannt und von extension favorisiert.

(4.189) extension / classes + de mots

de mots wird nach der RR *dativ obj als Objekt von extension ausgeschlossen. Es spielt zu classes die Rolle bild. (classe ist durch ein Merkmal entsprechend markiert.)

```
(4.190)  extension obj:de zero:notions det:les
                                         sein:de zero:contexte
                   dativ:à zero:classes bild:de zero:mots
```

12. un certain nombre d'applications de l'analyse automatique du langage

Un certain nombre d'applications wird als Mengenkonstruktion analysiert und erhält die Struktur

(4.191) applications quant:nombre quant:un
modif:certain

(4.192) applications / analyse + automatique

Analyse ist als mod3-Objekt von applications erkannt. Die RR*mod3 mod1 führt zur Adjunktion von automatique an analyse.

(4.193) applications / analyse + du langage

Du langage wird als Objekt von analyse favorisiert. Diese Analyse wäre auch durch die RR *Genitiv[83] Genitiv zustandegekommen.

13. 25 types de véhicules différents

(4.194) types / véhicules + différents

Der Mutterknoten des Adjektivs ist in Konstruktionen dieses Typs nur durch eine Subklassifizierung der Adjektive zu ermitteln. Nach DA wird différents an types adjungiert.

14. une sorte de tableau noir

(4.195) sorte / tableau + noir

Hier wird ebenfalls nach DA noir fälschlicherweise an sorte adjungiert. Eine weitere Subklassifizierung der Adjektive, danach, ob sie Abstrakta der Art sorte komplementieren können, führt zu der richtigen Analyse.

15. l'affectation d'un montant de 25 millions d'UC au financement des projets au sens du règlement duConseil du 25 février 1964 relatif aux conditions du concours du FEOGA

Un montant wird als Objekt von affectation selegiert. Der VS enthält die Mengenkonstruktion:

(4.196) UC quant:millions quant:25

(4.197) affectation / montant + UC

Der VS wird mit der Rolle "bilden" an montant adjungiert (s. 11).

(4.198) affectation / montant + au financement

------

83 Genitiv bezeichnet ein durch de eingeleitetes mod3-Komplement, das eine der Rollen subj, poss oder obj spielt.

Affectation selegiert financement als Dativ-Komplement.

(4.199) affectation / financement + des projets

Die RR *Dativ Genitiv und die Selektionsregeln (SC) von financement führen zur richtigen Adjunktion.

(4.200) affectation / financement + au sens

Au sens de kann als eine komplexe Präposition aufgefaßt werden. Verschiedene Gründe sprechen allerdins gegen die Behandlung von au sens de als ein Lexikoneintrag (im Sinne von). Zum einen wird in koordinierten Strukturen nur de und nicht der ganze Ausdruck wiederholt[84]:

(4.202) les véhicules utilitaires au sens de l'article 5 du § 221 et de l'article 4 du § 332

Wird au sens de als ein Wort betrachtet, hängt die koordinierte de N-Kette sozusagen "in der Luft". Zum anderen wäre die wörtliche Bedeutung dieser Folge in Fällen wie

(4.203) croire au sens de la vie
an den Sinn des Lebens glauben

nicht mehr herzustellen[85]. Daher wird au sens wie eine (abstrakte) Lokalangabe behandelt und nicht weiter analysiert sondern nach DA an affectation adjungiert. Für die Übersetzung freier Angaben dieses Typs ist es nicht notwendig, die richtige Mutter zu ermitteln. Die strukturelle Ambiguität kann ins Deutsche übertragen werden.

(4.204) affectation / sens + règlement

Règlement wird aufgrund der Bedingung, daß innerhalb von mod3-Komplementen durch de eingeleitete Gruppen unmittelbar dem Kern folgen müssen, an sens adjungiert[86].

(4.205) affectation / sens +du Conseil

Beide möglichen Mütter sind "nicht gut".

(4.206) affectation / règlement + du Conseil

Du Conseil wird als Agens von règlememt favorisiert.

------

84 Dies gilt nicht nur für au sens de, sondern für alle "locutions prépositives" (vgl. Grevisse 1975:959ff.).

85 vgl. auch renoncer à l'aide de Marie (auf die Hilfe von Maria verzichten).

86 Mit Ausnahme von Konstruktionen wie livre de Rembrandt de Pierre (vgl. S.134).

(4.207) affectation / sens + du 25 février 1964

Zeitangaben von Aktionsnominalisierungen können nicht durch de eingeleitet werden:

(4.208) *pendant la construction de l'usine du 25 février

sens verhält sich ähnlich wie affectation:

(4.209) *le sens des mots du moyen âge

Es kann also keine Entscheidung getroffen werden, daher erfolgt der Vergleich

(4.210) affectation / règlement + du 25 février 1964

Die beschriebene Mutter-Tochter-Restriktion gilt nicht für règlement (Produktnominalisierung), sodaß règlement favorisiert wird.

(4.211) règlement / Conseil + du 25 février 1964

Es besteht keine Restriktion, nach DA wird der VS règlement adjungiert.

(4.212) affectation / sens + relatif

Die Genuskongruenz schließt affectation aus.

(4.213) sens / règlement + relatif

Ohne eine Mutter-Tochter-Restriktion durch bestimmte Merkmalsetzung bei sens wird relatif als mod3-Adjektiv die Tochter dieses Knotens.

(4.214) affectation / sens + aux conditions
sens / relatif + aux conditions[87]

(4.215) sens / règlement + aux conditions[88]
sens / Conseil + aux conditions
sens / février + aux conditions
sens / relatif + aux conditions

Relatif selegiert aux conditions als Dativergänzung.

(4.216) affectation / sens + du concours
sens / règlement + du concours
.
.
relatif / conditions + du concours

Verschiedene Reihenfolgerestriktionen bewirken die Adjunktion von du concours an conditions.

------

87 eine falsche Analyse angenommen.

88 Die aufgeführten Vergleiche sind bei einer richtigen Analyse zu entscheiden.

Die Analyse von du FOEGA verläuft wie die von du concours.
Einer der Analysebäume, die zu der Übersetzung

(4.217) die Zuweisung einer Summe von 25 Millionen VE an die Finanzierung der Projekte im Sinne der Verordnung des Rates vom 25 Februar 1964 bezüglich der Bedingungen des Wettbewerbs des FEOGA

führen ist:

```
(4.218) affectation det:l'
                 obj:de zero:montant quant:un
                                bild:de zero:UC quant:millions quant:25
                 dativ:à zero:financement det:le
                                obj:de zero:projets det:les
                 local:à zero:sens det:le
                            poss:de zero:règlement det:le
                                           agens:de zero:Conseil
                                           herkt:de zero:février det:le
                                                          quant:25
                                    modif:relatif dativ:à zero:conditions det:les
                                                                 ->
                                 -> poss:de zero:concours det:le
                                            poss:de zero:FEOGA det:le
```

Eine solche komplexe Nominalgruppe ist auch für einen Menschen mehrfach ambig. Trotzdem wird er sie ohne Kenntnis des Sachverhalts nach syntaktischen Kriterien richtig übersetzen können. Ich nehme an, daß zumindest das Synchrondolmetschen einer solchen Gruppe auch von einem Menschen ohne Zugriff auf "Weltwissen" geschieht. Ein rein syntaktisch orientiertes Übersetzungssystem trägt dieser Annahme Rechnung.

5. DER TRANSFER

In diesem Kapitel werden französische Nominalsyntagmen ihren deutschen Entsprechungen gegenübergestellt und die wichtigsten Transformationen von der QS in die ZS beschrieben. Weiterhin werden die im deutschen Nominalsyntagma notwendigen morphologischen Regeln besprochen. Der Inhalt dieses Kapitels bezieht sich also auf die in den Abschnitten 2.2.1.4 bis 2.2.2.3 skizzierten Übersetzungsschritte (1) Transformationen in der Quellsprache, (2) lexikalischer Transfer, (3) Transformationen in der Zielsprache und (4) Morphologie der Zielsprache.

5.1 Zusammenfassung der Systemeigenschaften

Bevor die Transferschritte im einzelnen dargestellt werden, betrachten wir noch einmal die vom System her bedingten Eigenschaften von Transformationsregeln, da diese den Aufbau der Übersetzungsgrammatik direkt beeinflussen.

Die vom System her festgelegte Transformationsreihenfolge und Verarbeitungsrichtung hat entscheidenden Einfluß auf die Regelordnung innerhalb des Übersetzungsvorgangs.

In der Grammatik in TRANSFORMATION1 kann nur auf Informationen aus quellsprachlichen Einträgen zugegriffen werden. Die Verarbeitungsrichtung läuft von unten nach oben und von rechts nach links. Dies hat zur Folge, daß zum Zeitpunkt der Bearbeitung eines Knotens k des Analysebaums die Töchter und rechten Schwestern von k bereits nach der Grammatik in TRANSFORMATION1 transformiert worden sind, die linken Schwestern sowie die k dominierenden Knoten hingegen noch nicht transformiert sind.

Im lexikalischen Transfer werden die Lexeme der QS durch die der ZS ersetzt (vgl. 2.2.2.1). Wie bereits erwähnt, werden hierbei in den Lexikoneinträgen notierte BMS-Funktionen evaluiert. In diesem Schritt wird der Baum ebenfalls von rechts nach links und von unten nach oben durchlaufen. Daher muß bei den in diesem Schritt aktivierten BMS-Funktionen in den Lexikoneinträgen bedacht werden, daß zum Zeitpunkt der Evaluierung der Funktion eines Knotens k, die rechten Schwestern und die Töchter von k bereits durch entsprechende zielsprachliche Einträge ersetzt worden sind, die regierenden Knoten und linken Schwestern hingegen noch Informationen aus quellsprachlichen Einträgen enthalten. Soll z.B. <u>en</u> <u>forme</u> <u>de</u> <u>N</u> mit <u>Nförmig</u> übersetzt werden, so ist bei der entsprechenden Lexikonregel zu bedenken, daß der <u>forme</u> regierende Knoten (<u>en</u>) noch in der Quellsprache vorliegt, wohingegen der abhängige Knoten (<u>de</u>) bereits durch den entsprechenden zielsprachlichen Eintrag (<u>von</u>) ersetzt ist, bzw. in diesem Fall getilgt worden ist. Zum Zeitpunkt der Ersetzung von <u>forme</u> in <u>une</u> <u>culasse</u> <u>en</u> <u>forme</u> <u>de</u> <u>coin</u> liegt also folgender Baum vor.

```
(5.1)     culasse quant:une
                    form:en zero:forme poss:keil
```

Die Bedingung für die Übersetzung von <u>forme</u> durch <u>förmig</u> muß somit wie folgt lauten (vereinfacht):

```
(5.2)     (u (m (u (w en)
                   (! 1)))
             (u (r (f noun))
                (0 1)))
```

Die Grammatik in TRANSFORMATION2 wird in der gleichen Reihenfolge wie die in TRANSFORMATION1 abgearbeitet. In diesem Schritt kann nur auf Information aus zielsprachlichen Einträgen zugegriffen werden. Die Abarbeitungsrichtung von unten nach oben ist im Bereich der Nominalsyntagmen bei der Bildung eines dt. Kompositums die einzig mögliche. Da im Frz. kein struktureller Unterschied zwischen Kompositum und PA besteht, ist bei der Übersetzung einer PA-Konstruktion zu entscheiden, ob sie im Dt. durch ein Kompositum oder durch eine PA-Konstruktion wiedergegeben werden muß. Diese Entscheidung unterliegt zunächst einmal der allgemeinen Bedingung, daß ein Knoten k nur dann mit seiner Mutter ein Kompositum bildet, wenn er entweder keine Töchter hat, oder nur solche Töchter, die ihrerseits mit ihm ein Kompositum bilden, d.h. wenn k keine Tochter hat, die nicht ein Kompositum bildet. Z.B. darf in (5.3)

(5.3) l'importation d'automobiles anglaises

das Kompositum <u>Automobilimport</u> nicht gebildet werden, da <u>Automobil</u> selbst durch ein Element, mit dem es kein Kompositum bildet, modifiziert wird, vgl.

(5.4) *der englische Automobil(e)import

Da nun die Information, ob ein Knoten k Töchter hat, die nicht mit k ein Kompositum bilden, erst nach Anwendung der Grammatik vorliegt, müssen zunächst die Töchter von k abgearbeitet werden, d.h. der Baum muß von unten nach oben durchlaufen werden.

Die Grammatik in ZIELMORPH kann nur auf Information aus zielsprachlichen Einträgen zugreifen. Die Verarbeitungsrichtung verläuft hierbei von oben nach unten und von links nach rechts. Diese Richtung ist im nominalen Bereich dadurch begründet, daß abhängige Glieder Kasus-, Genus- und Numerusmerkmale von den sie regierenden Gliedern erben. Z.B. ist diese Richtung in Mengenkonstruktionen notwendig, um den Spezifizierern des Mengensubstantivs das Kasusmerkmal des obersten regierenden Substantivs zu übertragen. Sei etwa in (5.5) der oberste Knoten durch das Merkmal [+dat] markiert,

(5.5) a. ein flasche bier
b. bier quant:flasche quant:ein

dann muß dieses Merkmal an ein übertragen werden: einer Flasche Bier. Hierzu wird das Merkmal zuerst von bier auf flasche und von dort auf ein kopiert. Würde der Baum von unten nach oben durchlaufen, wäre das Merkmal bei der Flexionsmarkierung von ein noch nicht gesetzt.

Übersetzungsregeln können nun betrachtet werden nach ihren Ausgangs- und Zielstrukturen sowie nach ihren Interaktionen mit anderen Regeln und Lexikonregeln. Die Transformation einer Ausgangs- in eine Zielstruktur kann in zwei Schritte (TRANSFORMATION1 und TRANSFORMATION2) unterteilt werden. Morphologische Regeln folgen stets den syntaktischen Regeln.

5.2 Detailliertere Beschreibung der wichtigsten Transformationsschritte

Die folgende Beschreibung der wichtigsten Transformationsschritte folgt der auch bei der Analyse gemachten Unterscheidung von Spezifizierern und Komplementen. Die Beschreibung ist nach den französischen Strukturen gegliedert. Nur in den Fällen, bei denen im Deutschen ein Element insertiert werden muß, wird von dieser Reihenfolge abgewichen.

5.2.1 Spezifizierer

Französischen Spezifizierern entsprechen im Deutschen ebenfalls Spezifizierer, wohingegen frz. Komplemente oft durch dt. Spezifizierer übersetzt werden. Die hier behandelten Spezifizierer umfassen die Determinantien, die Quantoren und die (im Französischen vorangestellten) Adjektive.

5.2.1.1 Determinantien

Der größte Teil der Determinantien kann problemlos übersetzt werden. Dies gilt besonders für die Demonstrativa ce-/dies-. Ce- ohne folgendes -ci oder -là wird fast immer durch dies- wiedergegeben: ce moteur/dieser Motor, cette voiture/dieser Wagen.

Neben dies- ist jen- eine mögliche Übersetzung von ce-, wenn das Substantiv von der "Entfernungspartikel" -là gefolgt wird.

(5.6) Il nous a montré le moteur de la nouvelle Mercedes et le moteur de la nouvelle Volkswagen. Ce moteur là est rouge, ce moteur-ci est noir.

Er hat uns den Motor des neuen Mercedes und den Motor des neuen Volkswagen gezeigt. Dieser Motor ist rot, jener Motor ist schwarz.

Die Tilgung von -ci bzw. -là kann durch eine Lexikonregel bewirkt werden:

(5.7)
```
(((w ce)(f ...))
((w dies)(f ...)(c (u (:> 1 (w -ci))
                        (0 1))))
((w jen)(f ...)(c (u (:> 1 (w -la`))
                       (0 1)))))
```

Die Übersetzung der Possessiva ist recht problematisch und ohne eine satzübergreifende Komponente nicht zu lösen, vgl.

(5.8) C'est son frère. Son visage est tout rouge.
Das ist sein Bruder. Sein Gesicht ist ganz rot.

C'est sa soeur. Son visage est tout rouge.
Das ist seine Schwester. Ihr Gesicht ist ganz rot.

Abgesehen von dieser ohne Zweifel erheblichen Schwierigkeit können Possessiva recht einfach und direkt übersetzt werden, d.h. einem frz. Possessivum entspricht im Deutschen meist ebenfalls ein Possessivum.

Der frz. bestimmte Artikel kann in den meisten Fällen durch den dt. bestimmten Artikel wiedergegeben werden. Abweichungen von dieser Regel ergeben sich bei durch de eingeleiteten modl-Komplementen mit bestimmtem Artikel wie z.B. in (5.9).

(5.9) le Conseil des Ministres
der Ministerrat
?der Rat der Minister

la chambre des députés
≠die Kammer der Abgeordneten
die Abgeordnetenkammer

l'association nationale des ingénieurs de l'automobil
?*der nationale Verband der Ingenieure des Automobils
der nationale Automobilingenieursverband

der Nationalverband der Automobilingenieure

le sac du soir
die Abendtasche
?*die Tasche des Abends

Bei diesen Fällen liegt das Problem nicht so sehr in der Übersetzung als vielmehr in der Analyse, bei der der Modus des Komplements festgelegt werden muß. Dies ist notwendig, um Gruppen wie

(5.10) le Conseil des Ministres de l'U.R.S.S.
der Ministerrat der Sowjetunion
*der Rat der Minister der Sowjetunion

korrekt zu analysieren:

(5.11) Conseil det:le
bild:ministres det:les
herkl:U.R.S.S. det:l'

Die richtige maschinelle Analyse solcher Gruppen ist äußerst schwierig und im derzeitigen System noch unzureichend gelöst. Es werden lediglich die beiden durch die obigen Beispiele exemplifizierten Typen richtig erkannt. Hierbei handelt es sich zum einen um Komplemente, die die Rolle "bild" spielen und belebte Objekte bezeichnen. Der andere Typ umfasst Zeitangaben wie <u>soir</u>, <u>matin</u>, <u>dimanche</u>, die auch im Satz als temporale Adverbiale mit dem bestimmten Artikel stehen und dann generisch einen bestimmten Zeitabschnitt bezeichnen: <u>le</u> <u>soir</u>/<u>abends</u>, <u>le</u> <u>dimanche</u>/<u>sonntags</u> etc[89]. Sind diese Komplemente einmal als modl markiert, ist die weitere Verarbeitung unproblematisch.

In einigen Fällen muß im Deutschen ein Artikel insertiert werden. Die Insertion ist immer dann erforderlich, wenn ein zählbares Substantiv ohne Spezifizierer im Singular auftritt und nicht als Modifizierer in ein Kompositum eingeht[90]. Eine derartige Konfiguration tritt meist im Zusammenhang mit der frz. Präposition <u>en</u> auf, auf die im Französischen selten ein Artikel folgt[91]:

(5.12) aller en ville
in die Stadt gehen/*in Stadt gehen

aller en automobile
mit dem Auto fahren/*mit Auto fahren

Zur Artikelinsertion wird zunächst ein leerer Knoten als linke Tochter an

------

89 vgl. S. 124
90 mit Ausnahme idiomatischer Wendungen wie <u>zu</u> <u>Fuß</u> <u>gehen</u>, <u>zu</u> <u>Mittag</u> <u>essen</u> etc.
91 vgl. Grevisse 1975:1030ff.

das entsprechende Substantiv adjungiert. Diesem Knoten werden dann die Wortform d- und die Merkmale des Artikels hinzugefügt.

5.2.1.2 Quantoren

Quantoren können im allgemeinen direkt übertragen werden. Im folgenden wird daher nur die Übersetzung einiger Mengenkonstruktionen besprochen.

5.2.1.2.1 Mengenkonstruktionen

Die Übersetzung von Mengenkonstruktionen (vgl. 4.2.2.1) erfolgt in den meisten Fällen direkt. Zum Zeitpunkt der Transformationen ist de bereits getilgt, d.h. eine Gruppe wie une bouteille de vin hat beim Transfer die Struktur (5.13).

(5.13) vin quant: bouteille quant:une

Bei der Übersetzung treten daher im allgemeinen keine großen Probleme auf. Eine Ausnahme bilden Mengenwörter vom Typ une dizaine, centaine etc., denen im Deutschen kein entsprechendes Substantiv in der Mengenkonstruktion gegenübersteht:

(5.14) une dizaine / centaine d'étudiants
*ein Zehner / Hundert Studenten
(etwa) zehn / hundert Studenten

Die richtige Übersetzung umfaßt hier die Tilgung des unbestimmten Artikels sowie die Insertion von etwa, auf die aber evtl. verzichtet werden sollte, da sie in einigen Fällen, wie z.B. à peu près une centaine d'étudiants zu unschönen Übersetzungen führen kann (ungefähr etwa hundert Studenten). Die Übersetzung kann leicht durch eine entsprechende Lexikonregel herbeigeführt werden. Ein möglicher Lexikoneintrag für dizaine ist z.B.

```
(5.15)    (((w dizaine)(f noun,quant,...))
          ((w zehn)(f ...)(c (u (:l 1 (u (f art)
                                          (f quant)))
                             (0 1))))))
```

Die Übersetzung adverbialer Mengenkonstruktionen (beaucoup de voitures) erfolgt in den meisten Fällen durch die bloße Ersetzung des frz. Quantors/Adverbs durch den entsprechenden deutschen Quantor (viele Autos). Dieses Verfahren ist z.B. für die Übersetzung von beaucoup, peu, autant, davantage, plus, moins, tant etc. ausreichend. Bei anderen Adverbien, die in Mengenkonstruktionen auftreten können, wie énormément, infiniment etc., muß in deutschen Mengenkonstruktionen viel insertiert werden:

(5.16) énormément de gens
enorm viel(e) Leute/*enorm Leute

infiniment de vin
unendlich viel Wein/*unendlich Wein

infiniment long
unendlich lang/*unendlich viel lang

Aufgrund der geringen Zahl dieser Adverbien bietet es sich an, die viel-Insertion als Lexikonregel der entsprechenden Adverbien zu notieren.

Am Rande sei auf die Interaktion von einigen Quantoren mit der Satzverneinung hingewiesen, die in dieser Arbeit nicht behandelt wird. Wahrscheinlich ist die Übersetzung von Konstruktionen wie ne ... plus (Il n'a plus de vin./Er hat keinen Wein mehr.) ebenfalls am günstigsten durch Lexikonregeln zu erledigen.

5.2.1.2.2 Die Übersetzung von tou-

Frz. tou- gehört verschiedenen Wortklassen an und kommt somit in verschiedenen Kontexten vor. Je nach Kontext wird es mit ganz, all- oder jed- übersetzt.

tou- als AdA-Lexem, wie in tout petit oder tout doucement, wird durch ganz übersetzt: ganz klein, ganz langsam. Für tou- als Quantor mit folgendem bestimmten Artikel ergeben sich zwei Übersetzungen. Steht das Substantiv im Plural, wird tou(te)s les zu alle:

(5.17) toutes les voitures
alle Autos

Modifiziert tout(e) le/la ein Maßnoun im Singular, wie in (5.18) a., ist der etwas unschönen Übersetzung mit all- in (5.18) b. eine Übersetzung durch d-ganz vorzuziehen ((5.18) c.).

(5.18) a. toute la bière
b. alles Bier
c. das ganze Bier

Ebenfalls mit ganz zu übersetzen ist tout(e) vor dem unbestimmten Artikel:

(5.19) tout un gâteau
einen ganzen Kuchen

tout(e) als Quantor ohne folgenden Artikel ist in seiner Bedeutung chaque oder quelconque ähnlich und sollte mit jed- übersetzt werden:

(5.20) Luc accepte toute suggestion.[92]
Luc nimmt jeden Vorschlag an.

tout in der Funktion eines Substantivs (ohne Antezedens) wird mit alles übersetzt.

(5.21) Luc a tout mangé.
Luc hat alles gegessen.

5.2.1.3 Adjektive

Innerhalb der vorangestellten frz. Adjektive verdienen diejenigen Lexeme eine besondere Beachtung, die sowohl vor- als auch nachgestellt auftreten, dabei aber in den beiden Positionen eine verschiedene Bedeutung haben und somit je nach Position unterschiedlich übersetzt werden müssen[93].

(5.22) un seul homme
ein einziger Mensch

un homme seul
ein einsamer Mensch

sa propre voiture
sein eigener Wagen
une voiture propre
ein sauberes Auto

Durch einen entsprechenden Lexikoneintrag ist hier leicht die adäquate Übersetzung zu finden, z.B.

```
(5.23)   (((w propre)(f adj,...))
         ((w eigen)(f adj,...)(c (:> 1 (§ KERN))))
         ((w sauber)(f adj,...)(c (:< 1 (§ KERN)))))
```

Nach (5.23) wird eigen gewählt, wenn der Kern folgt und sauber, wenn der Kern vorangeht.

5.2.2 Komplemente

Während die Übersetzung der Spezifizierer im allgemeinen nur wenige Operationen erfordert, sind zur Übersetzung der frz. Komplemente komplexere Regeln erforderlich. Die wichtigste Regel ist dabei die Voranstellung von solchen Elementen, die im Französischen in Komplementposition, im Deutschen in Spezifiziererposition stehen. Ferner ist für die Übersetzung der präpositionalen Komplemente ein recht komplexes Regelsystem notwendig.

------

92 Beispiel von Gross (1977:101).

93 eine Beschreibung dieser Adj. in einer generativen Grammatik findet sich in Stephany 1969:71ff.

5.2.2.1 Adjektive

Der einfachste Fall liegt dann vor, wenn ein nachgestelltes frz. Adj. im Deutschen ebenfalls durch ein (hier vorangestelltes) Adjektiv wiedergegeben wird, wie etwa in une voiture rouge/ein rotes Auto.

Bei dieser Operation kann auf Stellungsregeln im Deutschen verzichtet werden, da die Stellung dieser Adjektive im Französischen und Deutschen genau spiegelbildlich ist. Vgl. (5.24).

(5.24) a. la hiérarchisation sémantique automatique
b. die automatische semantische Hierarchisierung
c. ??die semantische automatische Hierarchisierung

Allerdings darf ein nachgestelltes Adjektiv nicht vor ein im Französischen vorangestelltes Adjektiv gestellt werden:

(5.25) a. une petite voiture française
b. ein kleines französisches Auto
c. ?ein französisches kleines Auto

Da der Baum von rechts nach links durchlaufen wird, kann die Regel recht einfach formuliert werden: "Markiere das erste Element von links, das entweder ein Kompositumselement oder der Kern der Gruppe ist, und setze das Adjektiv unmittelbar vor dieses Element."

(5.26) (u (m (:1 1 (o (f comp)(§ KERN))))
(+< 2 1))
(Das Adjektiv liege hier in Zelle 2.)

Die Abfrage nach dem Element des Kompositums ist notwendig, um in Gruppen wie (5.27) a. eine falsche Übersetzung wie in (5.27) c. zu vermeiden.

(5.27) a. les méthodes américaines de production en série
b. die amerikanischen Serienproduktionsmethoden
c. *die Serienproduktions amerikanischen Methoden

Wie bereits erwähnt, entsprechen verschiedenen französischen denominalen Adjektiven im Deutschen Substantive, vgl. etwa:

(5.28) a. une statue équestre
eine Reiterstatue

b. un avion postal
ein Postflugzeug

c. tarifs postaux aériens
Luftposttarife

Die Übersetzung erfolgt in diesen Fällen wie bei den "normalen" Adjektiven durch Voranstellung des abhängigen Elements, wobei diesmal das Adjektiv allerdings nicht vor ein etwaiges Element eines Kompositums, sondern nur vor den Kern der Gruppe gesetzt wird. In den Lexikoneinträgen solcher Adjektive muß natürlich das entsprechende zielsprachliche Substantiv eingetragen sein, z.B.

```
(5.29)    (((w postal)(f adj,...))
           ((w post)(f noun,...)))
```

Eine besondere Beachtung verdienen Adjektive wie quelconque, die im Deutschen mit dem unbestimmten Artikel verschmelzen.

Die Behandlung von quelconque als normales Adjektiv würde z.B. in (5.30) a. zu der falschen Übersetzung (5.30) b. führen.

(5.30) a. la réaction d'un document quelconque à une série de questions

b. *die Reaktion eines irgendeines Dokuments auf eine Serie von Fragen

Dies läßt sich dadurch vermeiden, daß im Eintrag von quelconque der Befehl "Wenn das regierende Substantiv durch un quantifiziert ist, dann muß quelconque den Platz dieses Quantors einnehmen, der wiederum getilgt werden muß." notiert ist. Hier zeigt sich ein weiteres Mal der Vorteil, bestimmte Regeln, die eng an einzelne Lexeme gebunden sind, nicht in der allgemeinen Grammatik, sondern im Lexikon zu formulieren.

5.2.2.2 Substantive

Französische NN-Komposita sind in den meisten Fällen durch Voranstellung des zweiten Substantivs ins Deutsche zu übertragen. Ähnlich den Adjektiven finden wir auch hier eine spiegelbildliche Struktur in der jeweils anderen Sprache: café filtre = Filterkaffee ≠ Kaffeefilter. Hier zeigt sich der Unterschied zwischen vorwiegender R-Struktur im Französischen und vorwiegender L-Struktur im Deutschen. Die Zahl der frz. Komposita, die Ausnahmen zu dieser Regel bilden, wie etwa auto-école, autoroute etc. ist relativ gering[94], sodaß diese Komposita ins Lexikon aufgenommen werden können.

------

94 Tous les composés français, en revanche, sont progressifs ou alors des calques étrangers (quartier-maître, autoroute, etc.). Les seuls composés français régressifs se comptent sur les doigts et sont tous très anciens: banlieue, champart." (Guiraud 1974:116)

5.2.2.3 Präpositionale Komplemente

Präpositionale Komplemente können danach unterschieden werden, ob (1) die frz. Präposition ohne Berücksichtigung des regierenden Substantivs durch eine entsprechende dt. Präp. ersetzt werden kann, ob (2) die frz. Präposition getilgt wird, oder ob (3) nach der Präpositionstilgung im Französischen im Deutschen eine Präposition insertiert wird.

(1) Präpositionale Komplemente des ersten Typs sind dadurch gekennzeichnet, daß die zur Wahl der richtigen Präposition notwendige Information allein aus dem Komplement zu entnehmen ist. Die im Komplement enthaltenen Informationen umfassen die Angabe seiner Rolle und die dem Substantiv und der Präposition des Komplements inhärenten Merkmale. Die wichtigsten Komplemente dieses Typs sind (1) durch <u>par</u> eingeleitete Agensangaben (dt. <u>durch</u>), (2) Instrumentalangaben (<u>par</u>/ <u>durch</u>, <u>à</u> <u>l'aide</u> <u>de</u>/<u>mit</u> <u>Hilfe</u> <u>von</u>), (3) source-Angaben (<u>de</u>/<u>aus</u>), (4) goal-Angaben (<u>à</u>, <u>vers</u>, <u>de</u> etc.), (5) Lokalangaben (<u>sur</u>, <u>dans</u> etc.), (6) Zeitangaben (<u>en</u>, <u>à</u> etc.), (7) Modalangaben, (8) Konditionalangaben, (9) Form-, (10) Farb- und (11) Materialangaben, (12) Eigenschaftsangaben (<u>à</u>/<u>mit</u>), Angaben der (13) temporalen und (14) lokalen Herkunft, (15) Angaben der Rolle "betrifft" (dt. <u>über</u>) sowie (16) verschiedene Finalangaben. Komplemente dieser Gruppe stehen nie im Modus modl.

Die Auswahl der entsprechenden deutschen Präposition geschieht beim lexikalischen Transfer gemäß der BMS-Funktionen der Präpositionen. Neben der Auswahl der Präposition wird hierbei auch der von der gewählten Präposition im Kontext geforderte Kasus ermittelt und das von der Präposition abhängige Substantiv mit einem entsprechenden Merkmal versehen. Hierbei wird auch die bei einigen Präp. auftretende Alternanz Dativ/Akkusativ berücksichtigt, die im Dt. statische von dynamischen Angaben und Angaben von Ergänzungen unterscheidet:

(5.31) Karl läuft auf dem Sportplatz.
Karl läuft auf den Sportplatz.

(5.32) Karl steht am Bahnhof.
Karl denkt an Maria.

Folgender Lexikoneintrag von <u>à</u> verdeutlicht die Formulierung der Lexikonregeln für Präpositionen.

```
(5.33)   (((w a`)(f prep,...))
          ((w an)(f prep,...)(c (o (u (§ goal) (r (p akk)))
                                   (u (p dat) (n (t)))))))
          ((w in)(f prep,...)(c (u (§ local)
                                   (r (u (f local)
```

```
                                     (s dat))))))
  ((w nach)(f prep,...)(c (u (§ goal)
                             (r (u (f local)
                                   (s dat))))))
  ((w um)(f prep,...)(c (u (§ temps)
                           (r (u (f uhr)
                                 (s dat))))))
  ((w in)(f prep,...)(c (u (§ temps)
                           (r (u (v printemps)
                                 (s dat))))))
  ((w bei)(f prep,...)(c (u (§ kond)
                            (r (s dat)))))
  ((w in)(f prep,...)(c (u (o (§ form)(§ farbe))
                              (r (s dat))))))
  .
  .
  .
  ((w mit)(f prep,...)(c (u (§ prop)
                            (r (s prop))))))
```

Wenngleich die Notation solcher Regeln recht einfach ist, ist die genaue Ermittlung des für eine bestimmte Zielpräposition notwendigen Kontexts ein schwieriges, wenn nicht - im Rahmen einer Merkmalssemantik - unmögliches Unterfangen. In vielen Fällen scheint die Wahl der Präposition unmittelbar von den regierten Substantiven abzuhängen, ohne daß eine mögliche Verallgemeinerung erkennbar wäre. Selbst die in ihrer Bedeutung relativ stark fixierten Präpositionen in (5.34)

(5.34)	après	nach
	avant	vor
	depuis	seit
	pendant	während
	vers	gegen
	avec	mit
	sans	ohne
	pour	für
	contre	gegen
	entre	zwischen
	par	durch
	sur	auf
	sous	unter
	dans	in
	devant	vor
	derrière	hinter

sind in verschiedenen Kontexten nicht direkt übersetzbar, wie die folgenden Beispiele zeigen[95]:

(5.35) marcher avec des béquilles / an Krücken gehen
manger des airelles avec le chevreuil / zum Rehbraten Preiselbeeren

------

95 Zur Behandlung von Präpositionen in der M.Ü. vgl. Schweißthal 1971 und Glas 1982.

essen
oeuil pour oeuil / Auge um Auge
lutter contre la mort / mit dem Tod kämpfen
morceau par morceau / Stück für Stück
par ordre chronologique / in zeitlicher Reihenfolge
par un jour pluvieux d'automne / an einem regnerischen Herbsttag
sur mon honneur / bei meiner Ehre
se hâter dans son travail / sich mit seiner Arbeit beeilen
persister dans son opinion / auf seiner Meinung bestehen
boire dans la main / aus der Hand trinken

(aus Zemb 1978:232f.)

(2) Komplemente des zweiten Typs sind durch die Tilgung der Präposition gekennzeichnet. Sie können weiterhin danach unterschieden werden, ob das Komplement in ein Kompositum eingeht, ein Genitivattribut bildet oder durch eine andere Konstruktion (z.B. durch ein Adjektiv) übersetzt wird. Eine Bedingung für die Tilgung der Präposition ist, daß sie entweder semantisch leer ist, oder ihre Bedeutung durch ein anderes Lexem der Zielsprache ausgedrückt wird.

Die Tilgung semantisch leerer Präpositionen erfolgt in dem Abschnitt TRANSFORMATION1. Als semantisch leer wird eine Präposition dann erachtet, wenn sie (1) ein Komplement im Modus mod1 oder eine der Rollen obj (2), dativ (3), Subj (4), PO (5), poss (6), bild (7) oder sein (8) einleitet. Ferner (9) wird <u>de</u> in einer Agensrolle getilgt. Bei einer Tilgung dieser Art wird die BMS-Funktion "prune" ((/ n)) benutzt. Z.B. wird (5.36) zu (5.37) transformiert.

```
(5.36)   réaction det:la
                  subj:de zero:document quant:un
                                        modif:quelconque
                  dativ:à zero:série quant:une
                                     bild:de zero:questions
```

```
(5.37)   réaction det:la
                  subj:document quant:un
                                modif:quelconque
                  dativ:série quant:une
                              bild:questions
```

Auf der so entstandenen Struktur (5.37) operiert nun der lexikalische Transfer, der u.a. die Insertion von <u>auf</u> bewirkt (s.u.).

Die durch TRANSFORMATION1 erstellten präpositionslosen Komplemente werden in den folgenden Schritten in die korrekte zielsprachliche Struktur überführt. Hierbei muß zunächst festgestellt werden, ob das präpositionslose Komplement im Deutschen zu einem Genitivkomplement, einem Kompositumselement oder zu einem anderen Komplement (z.B. Adj.) werden soll.

Steht das Komplement im mod3 oder mod2, so ist eine Übersetzung als Genitivkomplement naheliegend (ausgenommen die Rollen "dativ" und "PO"). Hierbei sind verschiedene deutsche Oberflächenregeln zu beachten. Zunächst ist ein Genitivattribut nur dann möglich, wenn das Komplement einen das Kasusmorphem tragenden Spezifizierer hat, vgl.:

(5.38) la construction d'une maison
die Konstruktion eines Hauses

la construction de la maison
die Konstruktion des Hauses

la construction de petites maisons
die Konstruktion kleiner Häuser

la construction de deux maisons
?die Konstruktion zweier Häuser

la construction de dix maisons
*die Konstruktion zehn(er) Häuser

la construction de maisons
*die Konstruktion Häuser

Dies gilt nicht bei Eigennamen im Genitiv:

(5.39) la voiture de Pierre
Peters Auto
?das Auto Peters

Weiterhin ist die Regel zu beachten, daß das Genitivattribut unmittelbar auf den Kern folgen muß. Ist eine Gruppe wie

(5.40) les pare-chocs à une seule lame de la nouvelle 10 CV

zu übersetzen, muß der Possessiv entweder dem prop-Komplement vorangestellt werden, oder die Präposition <u>von</u> muß insertiert werden.

(5.41) a. *die Stoßstangen mit einer einzigen Lamelle des neuen 10 CV
b. die Stoßstangen mit einer einzigen Lamelle von dem neuen 10 CV
c. die Stoßstangen des neuen 10 CV mit einer einzigen Lamelle

Nach dem Prinzip, möglichst viele Ambiguitäten ins Deutsche zu übertragen, wird die etwas unschöne Übersetzung b. gewählt.

Liegt eine zu übersetzende Gruppe vor, die zwei Komplemente enthält, die im Deutschen jeweils durch ein Genitivattribut wiedergegeben werden können, so ist zu beachten, daß im Deutschen nur ein nachgestellter Genitiv möglich ist:

(5.42) la photo d'une église de son ami
*das Photo einer Kirche seines Freundes
das Photo einer Kirche von seinem Freund

Ebenso sind zwei sächsische Genitive auszuschließen:

(5.43) la photo de Pierre de Marie
*Pierres Maries Photo
*Maries Pierres Photo

Dies wird leicht dadurch erreicht, daß die Regel zur Bildung des sächsischen Genitivs an die Tilgung des bestimmten Artikels gebunden wird. Die Regel lautet also: "Suche nach links einen bestimmten Artikel. Adjungiere das Komplement als linke (oder rechte) Schwester an diesen Artikel und tilge den Artikel.

Zwei Genitivattribute sind dann möglich, " [...] wenn eines der Attribute durch einen sächsischen Genitiv oder durch ein Possessivpronomen aktualisiert wird [...]." (Teubert 1979:97)

(5.44) ihre Manipulation der Preise
Peters Manipulation des Wahlergebnisses
(aus Teubert 1979:97)

Die Bildung des sächsischen Genitivs hängt weiterhin von der vorliegenden Rollenkonfiguration ab. Ein Obj-Komplement kann nur dann als sächsischer Genitiv aktualisiert werden, wenn kein Agens- oder Poss-Komplement vorhanden ist[96], vgl.

(5.45) la photo de l'église de Paul
Pauls Photo der Kirche/von der Kirche

(5.46) la photo de Paul de l'ami
≠Pauls Photo des Freundes

Die zweite Gruppe von Übersetzungen, in denen die Präpositionstilgung Anwendung findet, bildet die Umformung französischer modl-Komplemente zu deutschen Komposita.

Bei der Bildung mehrgliedriger Komposita kann wiederum die strukturelle Ähnlichkeit zwischen den beiden Sprachen ausgenutzt werden. In den meisten Fällen ist auch hier die Abfolge der Elemente genau spiegelbildlich:

(5.47) a. une pompe à air à main
b. eine Handluftpumpe
c. ?*eine Lufthandpumpe

Zur Voranstellung kann also ein prinzipiell ähnliches Verfahren wie das zur Voranstellung der Adjektive verwendet werden.

Schließlich sei noch ein Typ von Entsprechung erwähnt, der kaum durch allgemeine Regeln erfassbar ist, nämlich die Wiedergabe eines frz. PA durch eine

------

96 vgl. hierzu Milner 1977, Ruwet 1972:269ff. und Chomsky 1970.

deutsche Adjektivkonstruktion, wie in (5.48)

(5.48) a. en forme de coin
keilförmig

b. à ailettes
gerippt

c. à ailettes longitudinales
längsgerippt

d. à autodecrassage
selbstreinigend

e. à basse fréquence
niederfrequent

f. à cinq places
fünfsitzig

g. à deux files
zweispurig

h. à deux moteurs
zweimotorig

Aufgrund des eher unregelmäßigen Charakters dieser Entsprechung werden Übersetzungen dieser Art nicht in der allgemeinen Grammatik erzeugt, sodaß diese Komplemente meist im Deutschen mit einem PA wiedergegeben werden (mit Rippen, mit Selbstreinigung, mit zwei Spuren etc.). Unter Benutzung der Lexikonregeln ist es jedoch möglich - wie bereits am Beispiel von en forme de gezeigt - in verschiedenen Fällen eine adjektivische Übersetzung herbeizuführen.

(3) Die letzte Klasse umfaßt Komplemente, deren Präposition entweder in beiden Sprachen idiosynkratisch vom regierenden Element gewählt wird oder im Deutschen aus besonderen strukturellen Bedingungen insertiert werden muß, wie z.B. zu bei der Rolle "infin" (s.u.).

Eine erste Untergruppe bilden Komplemente, die eine der Rollen dativ oder PO spielen. Hier muß im lexikalischen Transfer die von dem entsprechenden deutschen Substantiv verlangte Präposition erzeugt werden. Die Lexikonregel aktiviert zunächst eine Funktion, die einen leeren Knoten insertiert. Das Dativ-Komplement aus (5.37) oben wird hierdurch zu

(5.49) dativ: 0 zero:serie quant:ein
bild:dokument

transformiert. An die durch "0" markierte Stelle wird nun durch die Lexikonregel die Präposition auf insertiert und das Kasusmerkmal [+dat] wird serie zugeordnet. Nach dem lexikalischen Transfer ist (5.37) in (5.50) transformiert:

```
(5.50)   reaktion subj:d
                   subj:dokument modif:irgendein
                   dativ:auf zero:serie quant:ein
                                        bild:frage
```

Ein besonderes Problem bilden Gruppen, die ein Infin-Komplement enthalten, das selbst wieder erweitert ist, wie z.B. die Gruppe in (5.51), die nach TRANSFORMATION1 die Struktur (5.52) hat.

(5.51) les méthodes d'analyse de la structure

```
(5.52)   méthodes det:les
                   infin:analyse obj:structure det:la
```

Da der Artikel von <u>structure</u> auch nicht-generisch interpretiert werden kann, ist die Übersetzung durch <u>die Strukturanalysemethoden</u> auszuschließen. Eine adäquate Übersetzung ist etwa die in (5.53).

(5.53) die Methoden zur Analyse der Struktur

In diesen Fällen müssen also <u>zu</u> und eine verkürzte Form des Artikels insertiert werden. Während diese Insertion an sich nicht problematisch ist, ist die Bedingung, wann sie angewendet werden soll, schwieriger zu formulieren. Zunächst stellen wir fest, daß eine Übersetzung mit <u>zu</u> in dem Fall, daß das Infin-Komplement komplementlos ist, zu zumindest sehr unschönen Übersetzungen führt:

(5.54) les méthodes d'analyse
*?die Methoden zur Analyse
die Analysemethoden

Die Kompositumsbildung ist also in diesem Fall obligatorisch. Ist das Komplement erweitert, ist die Bildung eines Kompositums nicht möglich:

(5.55) *die Analysemethoden der Struktur

Interessanterweise gilt dies nicht für alle Komplementerweiterungen. Die korrekte Übersetzung von (5.56) a. ist (5.56) b.

(5.56) a. les méthodes d'analyse des linguistes
b. die Analysemethoden der Linguisten
c. die Methoden zur Analyse der Linguisten

(5.56) c. wird stets so interpretiert, daß die Linguisten Objekt und nicht Agens der Analyse sind. Man könnte vermuten, daß der Unterschied zwischen (5.51) und (5.56) a. nicht die Übersetzung, sondern die Analyse betrifft, d.h. daß (5.56) a. im Gegensatz zu (5.51) die Struktur (5.57) habe.

(5.57) méthodes det:les
infin:analyse
poss(?):linguistes det:les

Diese Struktur böte eine einfache Ausgangsstruktur zur Erzeugung von (5.56) b. Dagegen sprechen allerdings Gruppen wie

(5.58) la vitesse de rotation de la toupie autour de l'axe d'entrée
??Die Rotationsgeschwindigkeit des Kreisels um die Eintrittsachse
Die Geschwindigkeit der Rotation des Kreisels um die Eintrittsachse
la durit d'arrivée d'essence au carburateur
(Wort-für-Wort) der Schlauch von Ankunft von Benzin am Vergaser
der Schlauch für die Zufuhr von Benzin zum Vergaser
der Benzinschlauch zum Vergaser

in denen sich das letzte Komplement eindeutig auf den Kern des Infin-Komplements bezieht. Die Struktur des Analysebaums muß daher wie in (5.59) lauten:

(5.59) vitesse det:la
infin:rotation subj:toupie det:la
local:autour de zero:axe det:l'
infin:entrée

Für die korrekte Übersetzung von Gruppen wie (5.56) a. oben benötigen wir nun eine Transformationsregel, die eine Struktur wie (5.60) in die Struktur (5.61) überführt.

(5.60) Methoden det:d
infin:Analyse agens:Linguisten det:d

(5.61) Methoden det:d
infin:Analyse
agens:Linguisten det:d

Auf (5.61) kann dann die Kompositaregel operieren, die zur richtigen Übersetzung (5.56) b. führt. Um ungrammatische Konstruktionen auszuschließen, muß diese "Anhebungstransformation" auf Agens- und Subjektkomplemente beschränkt werden.

Die Insertion der Präposition und die Zuweisung des Kasusmerkmals wird also in den meisten Fällen durch die Lexikonregeln der regierenden Substantive gestartet. Hierzu sind in der Grammatik Funktionen definiert, die von den Lexikonregeln aufgerufen werden.

5.2.3 Zielsprachliche morphologische Regeln

Die Operationen in dieser Phase dienen der Erzeugung der deutschen Morphologie.

Die Operationen zur Erzeugung der deutschen Morphologie sind im vorliegenden System ziemlich umfangreich. Ich möchte daher an dieser Stelle verdeutlichen, wie durch eine Erweiterung der Konzeption der Lexikonregeln die Erzeugung der morphologischen Formen vereinfacht werden kann. Derzeit sind Substantive, Quantoren und Determinantien in die verschiedenen Flexionsklassen unterteilt, die durch Merkmale markiert sind. Die morphologischen Regeln operieren nach dem Schema: "Wenn das Wort ein Substantiv ist und im Genitiv Singular steht und zur Flexionsklasse 'Genitiv auf -s' gehört, dann setze die Endung -s, sonst prüfe, ob das Wort zur Klasse 'Genitiv auf -n' gehört und, wenn ja, setze die Endung -n, sonst prüfe, ob es zur Klasse 'Genitiv auf -es gehört und setze die Endung -es etc.". Die Abfragen nach der Wortart und den Flexionsklassen können eingespart werden, wenn die morphologische Komponente nicht zentral, sondern dezentral organisiert wird. Hierzu wird zu jeder Funktionsklasse eine BMS-Funktion definiert, die je nach Kasus die entsprechende Endung erzeugt. Diese Funktion kann nun vom Lexikoneintrag eines Lexems aus gestartet werden. Der zentralen morphologischen Komponente kommt dabei nur noch die Rolle zu, die Regeln der Lexikoneinträge zu aktivieren. Auf diese Art können viele Wenn-dann-Verknüpfungen eingespart werden[97].

------

97 Im Grunde ist z.B. auch denkbar, die Voranstellung von Adjektiven und Substantiven von den jeweiligen Lexikoneinträgen aus zu kontrollieren.

6. ZUSAMMENFASSUNG UND AUSBLICK

6.1 Zusammenfassung

In dieser Arbeit wird ein System zur maschinellen Übersetzung vorgestellt, das in dieser Form erstmals auf einem Microcomputer implementiert wurde. Die Arbeitsweise des Systems wird an der Übersetzung strukturell mehrdeutiger französischer Nominalsyntagmen ins Deutsche exemplifiziert.

Das System basiert auf der Konzeption der prozeduralen Grammatik, in der sprachliche Strukturen (Datentyp) und diese Strukturen aufbauende Prozeduren unterschieden werden. Im Gegensatz zu herkömmlichen Analysealgorithmen besteht keine Eins-zu-eins-Beziehung zwischen Prozedur und Struktur; z.B. kann eine Prozedur zwei Konstituenten zugleich aufbauen oder eine Konstituente durch zwei Prozeduren gebildet werden.

Die Prozeduren werden in einer neu entwickelten Programmiersprache (BMS), die speziell und ausschließlich der Manipulation sprachlicher Strukturen dient, definiert.

Der Entwicklung des Analysealgorithmus liegt die von Marcus (1978) aufgestellte Hypothese der deterministischen Satzanalyse zugrunde. Hiernach kann ein Satz von links nach rechts ohne "Zurücksetzen", d.h. letztendlich, ohne daß Strukturen, die einmal aufgebaut worden sind, in einem späteren Analyseschritt wieder zerstört werden, analysiert werden.

Mit dem Ziel, eine zur Aufhebung struktureller Ambiguitäten geeignete Analysestrategie zu finden, wird eine Typologie der strukturellen Ambiguitäten erarbeitet, anhand derer drei verschiedene Analysealgorithmen besprochen werden. Hierbei wird gezeigt, daß Marcus' Annahme, eine "Vorausschau-Vorrichtung", die auf drei Konstituenten begrenzt ist, reiche zur Analyse natürlicher Sprache aus, für das Deutsche und andere Sprachen mit partieller Linkseinbettung zu revidieren ist.

Eine dieser Strategien wird durch die Analyse komplexer Nominalsyntagmen exemplifiziert. Dabei zeigt sich, daß strukturell ambige Ketten ohne eine

"Weltwissenkomponente" in vielen Fällen nach syntaktischen Kriterien und durch die Annahme von default-Analysen so analysierbar sind, daß die ermittelten Strukturen als Basis für eine korrekte Übersetzung (ins Deutsche) hinreichen.

Französische und deutsche Substantivmodifizierer werden nach der zwischen Kern und abhängigem Element bestehenden Paraphrasenrelation und nach dem Modus des Determinierens klassifiziert. Unter Modus wird die Determinationsart der Ergänzung verstanden. Drei unterschiedliche Modi können isoliert werden, nach denen sich z.B. die drei dt. Gruppen <u>ein Strohhut</u>, <u>ein Hut aus Stroh</u> und <u>ein Hut aus diesem Stroh</u> unterscheiden.

Die Unterscheidung der Rollen und Modi wird für die Analyse nutzbar gemacht, indem Restriktionen über die mögliche Abfolge der adnominalen Modifizierer formuliert werden.

Hierbei zeigt sich, daß die Abfolge von Elementen in unterschiedlichem Modus weitgehend fixiert ist, während Restriktionen bezüglich der Abfolge von Komplementen des gleichen Modus nur schwer und ungenau zu erfassen sind.

Die Analyse von einzelnen Konstruktionen wird an Beispielen dargestellt.

Da die Transformation der französischen Struktur in die entsprechende deutsche Struktur vergleichsweise unproblematisch und linguistisch weniger interessant ist, wird das Verfahren nur kurz skizziert. Eine Möglichkeit zur Vereinfachung der derzeitigen morphologischen Komponente wird entworfen.

6.2 Ausblick

Das beschriebene System wurde auf einem Microcomputer mit einem Speicherplatz von 64K RAM (64K entsprechen etwa 64000 Buchstaben.) implementiert. Der interne Speicher faßt die zur Übersetzung der Nominalsyntagmen notwendigen Grammatiken. Ich schätze, daß für ein funktionsfähiges Übersetzungssystem, das auch ganze Sätze übersetzt, ein Speicher von etwa 512K RAM benötigt wird. Als Ausblick möchte ich einige Überlegungen zu einem "aktiven" Lexikon anstellen, das ermöglichen könnte, den benötigten Zentralspeicherplatz noch weiter zu reduzieren.

In der vorliegenden Version von BMS ist bereits die Möglichkeit gegeben, BMS-Funktionen nicht in der Grammatik, sondern in den Lexikoneinträgen zu formulieren. Es ist also generell denkbar, die Grammatik in eine Kern- und eine Peripheriegrammatik zu unterteilen. Die peripheren Regeln stehen dabei in den einzelnen Lexikoneinträgen. Die Aufgabe der Kerngrammatik kann nun auf die bloße Aktivierung der Lexikoneinträge beschränkt werden. Konstruktionen, die für alle oder zumindest eine große Zahl von Lexikoneinträgen möglich sind, werden in einer Funktionensammlung beschrieben. Auf diese Funktionen können nun wiederum die Lexikoneinträge zugreifen. Betrachten wir noch einmal Salkoffs Beispiel la déscription de Paul buvant son lait, in der Paul Subjekt von buvant ist. Partizipialausdrücke dieses Typs sind an das Vorkommen bestimmter anderer Lexeme gebunden und relativ selten. Weiterhin bilden sie eine Ausnahme zur im allgemeinen vorzufindenden R-Struktur. Von daher wäre es wünschenswert, die Kerngrammatik nicht mit ihnen zu belasten und sie in den Lexikoneinträgen der sie bedingenden Lexeme zu beschreiben; d.h. déscription muß mit der Anweisung verbunden werden, "nimm die nächste Gruppe de N Part. Präs. und mach daraus einen Satz". Die Aufgabe der Kerngrammatik bestünde dann darin, diese Anweisung zu gegebener Zeit zu aktivieren. Nach ihrer Evaluierung kann die Anweisung wieder "vergessen" werden, sodaß Platz für andere Peripherieregeln verfügbar wird.

7. LITERATUR

Bach, E., 1968. Nouns and Noun Phrases. In: Bach, E. u. R.T. Harms, (eds.), 1968. Universals in Linguistic Theory, 91-122. New York.

---, 1974. Syntactic Theory. New York: Holt, Rinehart and Winston.

Bartning, I., 1976. Remarques sur la syntaxe et la sémantique des pseudo-adjectifs dénominaux en français. Stockholm.

Boitet, C., P. Chatelin u. P. Daun Fraga., 1980. Present and Future Paradigms in the Automatized Translation of Natural Languages. Proceedings of the 8th International Conference on Computational Linguistics, 430-436. Tokyo.

Busse, W. u. J.-P. Dubost, 1977. Französisches Verblexikon: Die Konstruktion der Verben im Französischen. Stuttgart: Klett-Cotta.

Carlsson, L., 1966. Le degré de cohésion des groupes subst.+de+subst. en français contemporain. Etudié d'après la place accordé à l'adjectif épithète. Uppsala.

Chomsky, N., 1970. Remarks on Nominalization. In: Jakobs, R.A. u. P.S. Rosenbaum (eds.), 1970. Readings in English Transformational Grammar, 184-221. Waltham (Mass.).

Danell, K. J., 1974. Le groupe substantif+préposition+substantif en français contemporain. Etude sémantique et syntaxique. Uppsala.

Dietrich, R. u. W. Klein, 1974. Computerlinguistik: Eine Einführung. Stuttgart: Kohlhammer.

Droop, H. G., 1977. Das präpositionale Attribut: Darstellung und Korpusanalyse. Tübingen: Narr.

Fillmore, C. J., 1972. Arten lexikalischer Information. In: Stelzer, S., 1972. Probleme des "Lexikons" in der Transformationsgrammatik, 98-129. Frankfurt/Main: Athenäum.

---, 1971. Plädoyer für Kasus. In: Abraham, W. (ed.), 1971. Kasustheorie, 1-118. Frankfurt/Main: Athenäum.

Gaifman, H., 1965. Dependency Systems and Phrase Structure Systems. Information and Control 8, 304-337.

Glas, R., 1982. Disambiguierung deutscher Präpositionen. in: Fix, H., A. Rothkegel u. E. Stegentritt (eds.), 1982. Sprachen und Computer. Festschrift zum 75. Geburtstag von Hans Eggers, 263-274. Dudweiler: AQ-Verlag.

Grevisse, M., 1975[10]. Le bon usage. Grammaire française avec des remarques sur la langue française d'aujourd'hui. Gembloux: Duculot.

Gross, M., 1977. Grammaire transformationnelle du français. Syntaxe du nom. Paris: Larousse.

Guiraud, P., 1974. La syntaxe du français. Paris: PUF.

Hays, D. G., 1964. Dependency Theory: A Formalism and Some Observations. Language 40, 511-25.

---, 1972. Dependency Theory: A Formalism and Some Observations. In: Householder, F., 1972. Syntactic Theory 1. Structuralist, 223-240. Middlesex: Penguin.

Huckert, E., 1979. Automatische Synthese des Französischen aus einer logischen Basis. Dudweiler: AQ-Verlag.

Jackendoff, R., 1977. X̄ Syntax: A Study of Phrase Structure. Cambridge (Mass.): MIT-Press.

Kayne, R. S., 1975. French Syntax. The Transformational Cycle. Cambridge (Mass.): MIT-Press.

Klein, W., 1971. Parsing. Frankfurt/Main.

Kürschner, W., 1974. Zur syntaktischen Beschreibung deutscher Nominalkomposita. Auf der Grundlage generativer Transformationsgrammatiken. Tübingen: Niemeyer.

Lees, R. B., 1960. The Grammar of English Nominalizations. Bloomington, Ind.: Research Center in Anthropology, Folklore and Linguistics.

Levi, J. N. 1978. The Syntax and Semantics of Complex Nominals. New York: Academic Press.

Marcus, M. P., 1978. A Theory of Syntactic Recognition for Natural Language. PhD. Dissertation MIT.

Milner, J.-C., 1977. A propos des génitifs adnominaux en français. In: Rohrer C. (ed.), 1977. Actes du colloque franco-allemand de Linguistique Théorique, 67-107. Tübingen: Niemeyer.

---, 1978. De la syntaxe à l'interprétation. Quantités, insultes, exclamations. Paris: Editions du Seuil.

Molitor, F., 1977. Zur Apposition im heutigen Deutsch. Eine Vorstudie. Köln.

Peuser, G., 1965. Die Partikel "De" im modernen Spanischen. Ihre Leistung als Ligament und Präposition. Freiburg.

Ronat, M., 1974. Echelles de base et mutations en syntaxe française. Paris.

Rohrer, C., 1977. Die Wortzusammensetzung im modernen Französisch. Tübingen: Narr.

Rosner, M. u. H. L. Somers, 1980. Case in Linguistic and Cognitive Science. Genf: WORKING PAPERS Fondazione Dalle Molle.

Ruwet, N., 1972. Théorie syntaxique et syntaxe du français. Paris: Editions du Seuil.

Salkoff, M., 1973. Une grammaire en chaîne du français. Analyse distributionnelle. Paris: Dunod.

Schweißthal, K. G., 1971. Präpositionen in der maschinellen Sprachverarbeitung. Methoden der maschinellen Inhaltsanalyse und der Generierung von Präpositionalphrasen, insbesondere für reversible Maschinenübersetzung. Bonn: Dümmler.

SFB 99 I, 1976. Forschungsbericht des SFB 99 Teilprojekt A2 (Automatische Übersetzung), Bd. I. Konstanz.

Stachowitz, R., 1973. Voraussetzungen für maschinelle Übersetzung: Probleme, Lösungen, Aussichten.

Steinitz, R., 1969. Adverbialsyntax. Berlin.

Stephany, U., 1970. Adjektivische Attributivkonstruktionen des Französischen. Untersucht nach dem Modell der generativen Grammatik. München: Fink.

Tesnière, L., 1959. Eléments de syntaxe structurale. Paris: Klincksieck.

Teubert, W., 1979. Valenz des Substantivs. Attributive Ergänzungen und Angaben. Düsseldorf: Schwann.

Wandruszka, U., 1972. Französische Nominalsyntagmen. Relationsadjektivkonstruktion, Subst.+Subst.-Kompositum, Präpositionalsyntagma. München.

Weißenborn, J., 1978. Eine Basisgrammatik für die automatische Analyse des Französischen im Hinblick auf die maschinelle Übersetzung. Saarbrücken.

Winston, P. H. u. B. Horn, 1981. LISP. Reading (Mass.).

Zemb, J.-M., 1978. Vergleichende Grammatik Französisch Deutsch. Comparaison de deux systèmes. Mannheim: Dudenverlag.

FSC
www.fsc.org
MIX
Papier | Fördert gute Waldnutzung
FSC® C083411

Kolibri 360 GmbH
Ferdinand-Jühlke-Straße 7
99095 Erfurt, Deutschland
produktsicherheit@kolibri360.de